Gabriele Wohmann, Heiratskandidaten
Ein Fernsehspiel und drei Hörspiele

Gabriele Wohmann hat die literarische Gattung Hörspiel um eine spezifische Form erweitert. Die drei in diesen Band aufgenommenen Beispiele sind dafür charakteristisch. Die Stimmen dieser Spiele sind nicht die handelnder Personen im Sinne einer konventionellen Dramaturgie, sondern stehen für Verhaltensrollen, Standpunkte, Meinungen. Es sind imaginäre Debatten, Diskussionen, Streitgespräche. Das »Thema« ist jeweils Anlaß für eine brillant inszenierte Bloßlegung der Widersprüche unserer Existenz. In Montagen aus Dichterworten, Werbeslogans, Maximen der bürgerlichen Moral und Unmoral und in scheinbar absurden Dialogen zeigt sich die Verwirrung des Menschen zwischen Liebe und Verachtung, Gut und Böse, Lüge und Wahrheit.

Das Fernsehspiel »Heiratskandidaten« erzählt die Geschichte eines ungleichen Paares, das sich durch eine Annonce kennenlernt und auf einer Reise zusammenzufinden versucht. Dabei sieht es sich nicht nur mit den eigenen Erwartungen, sondern – in einem weit stärkeren Maße – mit denen der Umwelt konfrontiert.

Gabriele Wohmann, 1932 in Darmstadt geboren, studierte in Frankfurt/M. 1953 Heirat. Lebt in Darmstadt. Mitglied des P.E.N., 1967/68 Villa-Massimo-Stipendium, 1971 Bremer Literaturpreis. Veröffentlichte unter anderem die Romane »Abschied für länger«, 1965, »Ernste Absicht«, 1970, »Paulinchen war allein zu haus«, 1974, »Schönes Gehege«, 1975, »Ausflug mit der Mutter«, 1976; die Erzählungsbände »Sieg über die Dämmerung«, 1960, »Die Bütows«, 1967, »Ländliches Fest«, 1968, »Sonntag bei den Kreinands«, 1970, »Gegenangriff«, 1972, »Ein Fall von Chemie«, 1975, »Böse Streiche«, 1977, »Das dicke Wilhelmchen«, 1977; die Gedichtbände »So ist die Lage«, 1974, »Grund zur Aufregung«, 1978; außerdem zahlreiche Fernsehspiele und Hörspiele.

Serie Piper:

Gabriele Wohmann

Heiratskandidaten

Ein Fernsehspiel
und drei Hörspiele

R. Piper & Co. Verlag

ISBN 3-492-00475-X
© R. Piper & Co. Verlag, München 1978
Umschlag Wolfgang Dohmen
Gesetzt aus der Times-Antiqua
Gesamtherstellung: Clausen & Bosse, Leck/Schleswig
Printed in Germany

Heiratskandidaten

Fernsehspiel

Personen

Helene (Mitte 30)
Lambert (Mitte 50)
Paul (14)
Fechtheim (Mitte 60)
Gemeindeschwester (Mitte 60)
Hermann (40)
Eva (Mitte 30)
Sofia (12)
Exote (Ende 30)
Frau (Ende 40)
Heiratsvermittlerin (zwischen 40 und 50)
Beat-Fans (zwischen 16 und 18) in Spanien
Mädchen I
Kellner
spanische Frauen
Verkäufer (Kaufhaus)
Zwei Maler
Kollegin
Kollege
Lehrer

Helenes Arbeitsplatz. Die Präparatur im Museum. Lauter aus-
gestopfte Tiere auf Regalen. Helene im weißen Arbeitskittel. Sie
trägt ein Tablett mit Käferleichen (zum Beispiel), stellt es an
einem Arbeitsplatz ab. Macht sich zu schaffen mit Pinzetten,
Pipetten, Gläsern etc. Scheint diese abschließend zu reinigen.
Sieht auf die Armbanduhr, vergleicht ihre Zeit mit der Zeit auf
der Uhr im Arbeitsraum. Eine Kollegin kommt dazu. Jung,
zurechtgemacht, anderer Typ. Sie bemerkt, daß Helene es eilig
hat, daß sie etwas nervös ist.

KOLLEGIN: Fechtheimchen, Sie könnten ganz große Klasse
werden. *Begutachtet irgendwelche präparierten Werke*
Helenes.

HELENE *etwas zerstreut, Störungen, Aufenthalte kann sie jetzt*
nicht gebrauchen: Mir macht's auch Spaß.

KOLLEGIN *spielt Seufzen:* Wieder ein Talent, das die Liebe der
Abteilung rauben wird. Abschied von den Leichen. Armes
Museum.

HELENE *überprüft noch mal die Zeit:* Haben Sie auch schon
zehn nach?

KOLLEGIN *an ihrem eigenen Arbeitsplatz:* Fünf nach. *Wird neu-*
gierig, hellhörig. Haben Sie's eilig?

HELENE *versucht, keine Aufregung zu zeigen:* Ich geh heut
etwas früher. – Übrigens habe ich ja noch nicht gekündigt.
Von wegen: armes Museum.

KOLLEGIN *hat verstanden, worum es bei Helene heute geht:* Ach,
ist etwa heute der große Tag?

HELENE *ennuyiert:* Großer Tag! Was ist dabei.

KOLLEGIN: Na hören Sie mal –

Ein weißbekittelter Kollege trifft ein, kitzelt die Kollegin am
Kinn, routinemäßig.

KOLLEGIN *zum Kollegen:* Und das Süße ist, man würde es doch
nie vom Fechtheimchen glauben, daß ihr so was Spaß macht,
Käferleichen und so was – du, Benny, ich schick sie dir eines
Tages noch in die Dermoplastik rüber. Falls sie uns erhalten
bleibt.

KOLLEGE *beobachtet Helene, die den Kittel auszieht, in den Schrank hängt, in ihrer Tasche kramt:* Stimmt ja, heut ist der Tag X. Sehen Sie nur gut hin. Passen Sie höllisch auf. Der erste Eindruck wird oft nicht ernst genug genommen.

Beide Kollegen sind ohne Bosheit, aber auf Kosten Helenes albern. Helene paßt sich der Stimmung an, so gut sie kann, um nicht das Opfer zu werden.

HELENE *noch fast gelassen, nicht todernst:* Wie konnte ich nur so saublöd sein, euch irgendwas davon auch nur anzudeuten. *Lacht.*

Helene geht aus dem Arbeitszimmer, den Gang entlang Richtung WCs, »Damen«. Vor den zwei Spiegeln im Waschvorraum, allein, fällt das Selbstbeherrschungstheater weg. Einen Moment lang läßt sie sich gehen. Eine Art Verzweiflung wäre fast möglich. Dann rafft sie sich auf, kümmert sich um ihr Aussehen: Haare, Gesicht. Zurück ins Arbeitszimmer. In der offenen Tür eine Art Schrecksekunde, dann fast wissenschaftliches Interesse: für die Umarmung der Kollegen und ihre Selbstvergessenheit. Wie unwichtig war ihnen also Helenes Problem. Helene macht die Tür zu, zieht eine Jacke an, die Kollegen hören mit der Liebe auf, unbeschämt. Der Kollege hat das Bedürfnis, nett zu ihr zu sein, weiß aber nichts damit anzufangen.

KOLLEGE: Und weil es Ihnen ja wirklich mittlerweile hier Spaß macht: lassen Sie sich nicht gleich kidnappen.
HELENE: Vielleicht bin ich so ziemlich schizophren. Ich esse nämlich sogar Frösche und Sperlinge. Ciao. *Wendet sich zum Gehen.*
KOLLEGIN: Ciao! Viel Glück mit dem Herzensbrecher.

Heiratsvermittlungsinstitut Ilse Kurz, außen.
Innen: mit viel Blattpflanzenzeug dekoriertes, quasi weiblich
geprägtes Büro. Matronenhafte, aber eingezwängte Frau Ende
40. Sie ist gerade damit beschäftigt, den gut angezogenen, nervö-
sen Lambert aus dem Zimmer zu schaffen.

HEIRATSVERMITTLERIN: Nur keine Aufregung, mein Herr. Das
ist das erste Gebot fürs erste Mal. *Lacht, gibt sich mütterlich-*
vertraulich-herablassend, Mischung aus Geschäftseifer und
Spott. Ehen werden nicht im Himmel geschlossen, sie werden bei Ilse Kurz geschlossen. Und das ist entschieden besser
so. Entschieden solider. *Lacht.*
LAMBERT: Ich bin sicher –
HEIRATSVERMITTLERIN *fällt ihm ins Wort:* Dem, der will, geschieht kein Unrecht, sag ich immer.
LAMBERT: Oh, ich weiß allerdings nicht . . .
HEIRATSVERMITTLERIN *hat einfach keine Geduld für ihn:* Das ist
ein römischer Rechtssatz. Diese Alten hatten so manches
los. *Blickt auf die Armbanduhr um ihr feistes Gelenk; dann,*
wie zu einem Baby, mit hochgezogenen Brauen und vorge-
stülpten Lippen. Beeilung, Beeilung, mein lieber Musikus,
wir wollen doch die Angebetete nicht auf uns warten lassen.

Das für's Kennenlernen der prospektiven Paare vorgesehene
Zimmer. Wieder zu viele Topfpflanzen. Modernistische Möbel.
Einrichtung auf lauschig getrimmt.
Heiratsvermittlerin drapiert Lambert und Helene, die sich die
Hand gegeben haben in höflicher Begrüßung, auf zwei Sessel,
rückt ein Tischchen richtig, sie geht jetzt auf Zehenspitzen; an der
Tür, um die schwierige peinliche Albernheit auf die Spitze zu
treiben, wirft sie ihnen eine Kußhand zu, sie schließt die Tür so
vorsichtig, als wolle sie irgend jemanden nicht aufwecken. Hele-
ne und Lambert sind trotz des lästigen Getues der Heiratsver-
mittlerin nicht erleichtert, als sie raus ist. Sie sind verlegen. Bei-
den ist die Situation unangemessen, zu kleinformatig, das Am-
biente denunziert sie. Plötzlich entsteht aus ihrem Lächeln ein
Lachen, das ihnen eine erste Befreiung verschafft. Es ist ein
erster Kontakt, eine erste Sympathie, weil jeder vom andern

gemerkt hat, daß auch ihm die Lage nicht paßt. Danach wird es aber wieder kompliziert. Lambert fällt die Packung Zigaretten ein, mit der er sich auf so eine Leerstelle vorbereitet hat; er holt sie aus der Rocktasche, öffnet sie, an der ungeschickten Art, das zu tun, merkt man, daß er Nichtraucher ist. Helene wehrt sozusagen gleichzeitig das Angebot ab. Beide sind froh, die ersten Sätze zu wissen.

HELENE: Danke, nein. Ich rauche nicht. Das heißt: nicht mehr.

LAMBERT: Oh – ich auch *betont* nicht mehr.

HELENE *lacht und steckt ihn an:* Und ich lege immer Wert drauf zu sagen, daß ich mal geraucht habe.

LAMBERT: Das geht mir auch so.

HELENE: Und warum auch nicht, schließlich . . . *Sie pflückt an einer der Pflanzen herum.* Aber es ist schon Jahre her, bei mir.

LAMBERT: Bei mir auch.

Beide merken ihre thematische Sackgasse, sie lachen, es entsteht dadurch wieder die kurze Vertrautheit.

HELENE *rafft sich auf zu einer Ehrlichkeit über diese Situation:* Das ist natürlich schon furchtbar, daß wir hier so sitzen . . . *Stockt, weil es doch sehr schwierig ist.*

LAMBERT *eilig in der Zustimmung:* Ja, das schon, aber . . .

HELENE: Ich meine, ich habe es mir wirklich nicht angenehmer vorgestellt – und man weiß ja dann nicht, was man reden soll . . .

LAMBERT *rafft sich seinerseits auf:* Auch ich habe damit gerechnet. Also habe ich mir gedacht, ich könnte Ihnen etwas erzählen, etwas über mich, ich meine, nicht gerade eine aufregende Geschichte . . .

HELENE *erleichtert es ihm, lacht:* Ehrlich gesagt, auch ich habe mich vorbereitet, sozusagen – aber dann ist es weg . . .

LAMBERT *versucht, energisch zu sein:* Es wäre natürlich an mir, den Anfang zu machen, Ihnen diese Peinlichkeit zu nehmen . . .

HELENE: Uns. *Sie lachen, sie können sich schon gut leiden.*

Überhaupt: das sollte es ja nicht mehr geben, dieses Rollen-
bewußtsein, ich meine, von dem, was Männer tun sollten und
was Frauen erwarten, abgenommen zu bekommen und so
weiter . . .

LAMBERT *etwas verwirrt, will aber nicht widersprechen:* Das ist
ein Thema für sich.

HELENE: Ich finde das halt unlogisch, Frauen wollen nach wie
vor in den Mantel geholfen bekommen und Sitzplätze angeboten bekommen und daß man ihnen Blumen mitbringt,
aber auf der anderen Seite – ich meine, dieser Widerspruch,
denn . . .

LAMBERT *zum erstenmal eigentlich souverän:* Man braucht doch
aber nicht alles, was das Leben erfreulicher und erträglicher macht, gleich abzuschaffen, das wäre zu streng, zu
orthodox.

HELENE: Ja, wenn es das bewirkt, wenn dadurch das Leben
erfreulicher und erträglicher wird . . .

LAMBERT: Ich glaube schon.

*Es entsteht wieder eine Notpause. Das Emanzipationsthema
paßt deutlich nicht zu beiden. Beide sind im gleichen Augenblick
mit dem Entschluß fertig, wieder was zu sagen, und dieser gleich-
zeitige Beginn, der dadurch zum Abschluß wird, bringt ihnen
wieder das sympathisierende kurze Gelächter ein.*

LAMBERT *mit gespieltem Höflichkeitseifer:* Nein, bitte, Sie zuerst. Ladies first.

HELENE *lacht noch mit:* Also nicht wieder Gleichberechti-
gungsdelikte.

LAMBERT: Ich habe oft darüber nachgedacht. Ich halte ganz viel
von der Höflichkeit zum Beispiel. Das muß altmodisch von
dir sein, habe ich früher gedacht. Jetzt finde ich aber, ich
sollte mir dieses Selbstbewußtsein leisten und behaupten,
Fähigkeiten wie die zur Höflichkeit, oder Taktgefühl . . .

HELENE: Das ist wahr. Sie erleichtern das Zusammenleben.
Den ganzen Alltag.

LAMBERT: Ich nenne das also nicht mehr altmodisch.

HELENE: Es ist ohnehin schwierig genug – Zusammenleben.

LAMBERT: Allerdings. *Schwächt mit Lächeln das Gewicht des Satzes ab.* Das allerdings wäre ein Thema für uns. Für hier . . .

HELENE *vom leichten Unbehagen und dem kommenden Ernst angesteckt:* O ja . . . Ich habe Sie übrigens vorhin nicht zum erstenmal gesehen – als wir uns vorgestellt wurden.

LAMBERT: Ach so?

HELENE: Ich hab Sie im Orchester gesehen. Ich meine, ich war im »Fidelio«. Ich sah Sie an Ihrem Pult. Das war vielleicht etwas unfair von mir, oder?

LAMBERT: Aber überhaupt nicht. Was haben Sie von der Aufführung gehalten? Ich glaube, es ist eine sehr gute Aufführung.

HELENE: Ja, das fand ich auch. Mein Vater findet es herrlich, daß Sie Cellist sind. Ein Musiker. Er liebt die Musik.

LAMBERT *das erste Auftauchen des Vaters macht ihn hellhörig:* Wie schön. Haben Sie eine gute Beziehung zu Ihrem Vater?

HELENE: Ja, doch, sehr. Ja, sehr gut. Es hat ihm auch leid getan, daß man Sie vom ersten ans zweite Pult versetzt hat, ich meine, es hat ihn auch geärgert . . .

LAMBERT: Aber das war völlig normal, ein ganz normaler Vorgang.

HELENE: Oh – wir dachten, das ist doch furchtbar in diesen Orchestern.

LAMBERT *legt Wert darauf, das klarzumachen:* Nein, nein, das ist schon ganz in Ordnung so. Es ist üblich. Es ist überall so. Die jüngeren Leute gehören an die ersten Pulte.

Helene ist etwas irritiert, die Anspielung auf Lamberts Alter macht sie unsicher.

HELENE: Ich finde doch, die Qualität sollte entscheiden.

LAMBERT *freundlich, lächelnd:* Mein Kollege ist ein sehr guter Musiker. – Ihr Vater ist Jurist?

HELENE: Er ist jetzt pensioniert. *Eilig, heiter.* Aber ohne jede Ruhestandsneurose. *Lacht.* Er kann sich mit sich beschäftigen.

LAMBERT: Das ist viel wert.

12

HELENE: Er genießt das, den Garten, seine Vögel – ich hab Ihnen sicher davon geschrieben . . .
LAMBERT: Ja ja, die Volière . . .
HELENE: Ja, und vor allem seine Schallplatten . . .

Beide finden inzwischen, sie müßten mal wieder von dem small talk abkommen und zu den Themen vorstoßen, auf die sie sich vorbereitet haben. Wieder wollen sie sozusagen gleichzeitig anfangen.

HELENE: Diesmal aber Sie. Gentlemen first.
LAMBERT: Also gut. *Gibt sich Mühe, verändert die Haltung im Sessel.* Helene, ich möchte Ihnen erklären – das hier – *entsprechende Geste –* liegt uns beiden nicht, es macht uns etwas lächerlich, mich zumindest – für Sie war es nicht der einzige noch mögliche Weg – *betrachtet sie bewundernd und zärtlich* – aber selbst Sie mit Ihrem Aussehen, Ihrer Jugend, Ihrer . . . Ihrer Lebendigkeit sind es offenbar leid gewesen, sich von Zufällen enttäuschen zu lassen . . . Diese Methode hier sollte unsere Absicht nicht denunzieren, unseren Versuch – ja, Versuch, so sollten Sie das Ganze vorläufig sehen, damit Sie Ihre Befangenheit mir gegenüber verlieren können, denn ich werfe mir wirklich vor . . .
HELENE: Aber was denn! Das ist doch absurd.
LAMBERT: Ich weiß, ich weiß. Ich weiß, es kommt mir zu Unrecht so vor, als hätte ich Sie in diese Lage gebracht.
HELENE: Das verstehe ich gut. Wir müssen halt sehen, daß diese Lage uns solidarisch macht. Vielleicht können wir sie irgendwann vergessen. Diesen Ausgangspunkt. Hier das.

Das Reden darüber hat sie aber nicht befreit. Sie sind eher wieder etwas verklemmter geworden.
Entweder schon vorher im Verlauf des Dialogs oder jetzt erst: Szenen-Schauplatzwechsel. Straße. Eine städtische Anlage. Das städtische Grün. Spielende Kinder, die ihnen in die Quere kommen. Vorher mußte eine Straße überquert werden, Helene hat das bei Rot riskiert, Lambert hat die Verkehrsstille und Grün abgewartet.

LAMBERT: Ich habe mich auch gar nicht aus einer Notlage heraus dazu entschlossen.

HELENE: Ich mich auch nicht.

LAMBERT: Ich war nicht unglücklich. Ich bin es nicht.

HELENE: Sondern glücklich?

LAMBERT: Nein, das auch nicht.

HELENE *nach einer Pause:* Vorhin haben wir von meinem Vater gesprochen. Er war schon immer sehr dafür, daß ich – »heiraten« *will sie nicht sagen* – nicht allein bleibe, so weitermache, er hält einfach noch viel von der Ehe ... Es hat gar nichts damit zu tun, daß ich einen Sohn habe, so ist das nicht. Eher im Gegenteil.

LAMBERT: Ihr Sohn könnte mich ablehnen ...?

HELENE: Ach, ablehnen – er ist sowieso ein richtiger Verweigerer. *Sie verändert sich, aus Liebe zum Sohn, während sie von ihm redet.* Ich halte immer zu ihm. Es gibt keine Auseinandersetzungen, aber ...

LAMBERT: Das verstehe ich. Das finde ich richtig.

Sie haben einen Teich erreicht, bleiben am Ufer stehen. Helene hebt einen Zweig auf. Die Umgebung kommt ihnen zu Hilfe mit ihren Requisiten.

LAMBERT *lacht schüchtern:* Ich bin da vorhin nicht weitergekommen, fürchte ich, mit meinem – *ironisch* – Thema. Es gibt nun einmal dieses Vorurteil, gegen diese Art der Eheschließung – oder auch nur: des Kennenlernens.

HELENE: Und auch wir haben es halt, dieses Vorurteil ... *Lacht.* Na ja. Mein Vater jedenfalls, er hat es nicht. Es ist wohl so ziemlich antiquiert und aus der Mode, daß Töchter in meinem fortgeschrittenen Alter überhaupt noch die Väter an ihrem Leben beteiligen. Daß da überhaupt noch ein Kontakt ist.

LAMBERT: Er muß eine starke Persönlichkeit sein, Ihr Vater.

HELENE: Ach ja. *Sieht dazu nicht sehr einverstanden aus.* Oft merkt man erst hinterher, daß eigentlich wieder er alles arrangiert hat, ich meine, wenn man wieder mal wochenlang und Monate in der Idee herumgelaufen ist, man hätte sich nach einem eigenen Plan eingerichtet und über irgendwas entschieden – *lacht, zum Abmildern* – na ja, dann plötzlich fällt man auf die Erde zurück und kapiert, daß alles schon festgelegt war, daß er es inszeniert hat und so.

LAMBERT: Das ist ungewöhnlich. *Es behagt ihm nicht ganz.* Ein guter Regisseur.

HELENE: Er schreibt immer schon das letzte Kapitel, während man noch auf den ersten Seiten herumläuft. *Lacht, wiederum therapeutisch.* Aber mit der Spanienreise für uns, da hatte er doch wieder keinen schlechten Einfall. Finden Sie nicht?

Sie setzen sich auf eine Bank.

LAMBERT *etwas steif:* Es ist ein sehr großzügiges Geschenk.

HELENE: Davon abgesehen, er hat doch vielleicht recht damit, daß man sich in einer ganz anderen Außenwelt objektiver kennenlernen kann und mit mehr Ruhe – in einer Umgebung, die gar nichts mit dem normalen Alltag zu tun hat.

LAMBERT: Also wieder: der große Regisseur. *Lacht und will sie mit Heiterkeit anstecken.*

HELENE: Aber Sie dürfen das nicht falsch sehen. Wir sind nicht sein Spielzeug, er meint es gut. *Anderer Ton.* Übrigens, daß wir Paul mitnehmen, das geht von mir aus.

LAMBERT: Aha.

HELENE: Darauf habe ich bestanden. Ich meine, ich war dafür. Es wird ja nichts kommandiert bei uns. Er ist nicht autoritär. Er hat einfach Ideen, das ist alles.

Die leichtere Stimmung ist weg, obwohl beide sich Mühe geben. Sie gehen durch eine Stadtgegend mit alten, großen, villenartigen Häusern. Sie gehen immer langsamer.

HELENE *deutet:* Noch da um die Ecke, dann sind wir gleich da.
LAMBERT: Eine schöne Gegend. Schöner alter Baumbestand.
HELENE: Die sind sicher schon ganz aufgeregt. *Lachen mißlingt etwas.* Vor meiner Tante dürfen Sie nicht erschrecken.
LAMBERT: Ach, wieso denn. *Gibt sich furchtlos, ist aber jetzt das Gegenteil.*
HELENE: Sie ist so robust. So direkt.
LAMBERT: In ihrem Beruf wird man das vielleicht. Kranken-schwestern heutzutage . . .
HELENE: Ja, vor allem als Gemeindeschwester – aber sie könn-te aufhören, längst. Nur, sie ist anders als mein Vater. Sie hat kein Privatleben, sozusagen. Daß sie seine Schwester ist, merkt man an gar nichts. – Da, das ist schon der Gar-ten. Hier, die Volière. Wir können uns die Vögel später an-sehen.

Über der Haustür: eine Girlande, amateurhaft, Schild »Herzlich Willkommen«.

HELENE *halb gerührt-amüsiert, halb verlegen-ärgerlich:* Ach du liebe Zeit. Was haben die sich da ausgedacht! *Lacht.* Ich hab damit nichts zu tun.

Schon wird die Haustür aufgerissen: die Gemeindeschwester strahlt derb und stürmisch und guten Willens.

GEMEINDESCHWESTER: Herzlich Willkommen! Guten Tag!
HELENE *in die Begrüßung zwischen Gemeindeschwester und Lambert hinein:* Was habt ihr euch denn da ausgedacht.
LAMBERT *höflich:* Ich muß mich herzlich bedanken für einen solchen Empfang.
GEMEINDESCHWESTER: Ich bin die Tante, Schwester, Mutter in Stellvertretung, Mädchen für alles, gegebenenfalls auch Putzfrau, Waschfrau, wenn was los ist, an allem schuld . . .
HELENE *heiter-enerviert:* Ach, hör auf. Du machst ihm ja Angst.
LAMBERT: Überhaupt nicht.
GEMEINDESCHWESTER: Den Schwarzen Peter hab immer ich. Macht nichts. Übrigens, ich heiße Thea. *Zu Helene.*

16

Dein liebes Paulchen weigert sich, runterzukommen. Ich habe mit Engelszungen geredet. Vielleicht hast du mehr Glück.

In der geräumigen Diele. Helene nervös, Lambert unsicher. Helene zieht die Jacke aus.

HELENE: Wenn ihr ihn nur mal in Ruhe lassen könntet. Er soll immer zu irgendwas gezwungen werden. *Sie öffnet für Lambert die Tür in eins der altmodischen, gut eingerichteten Zimmer.*

GEMEINDESCHWESTER: Nun muß man allerdings wissen, daß er vom Morgengrauen bis in den Abend tun und lassen darf, was er will. Und in der Nacht sowieso.

LAMBERT *versucht, niemanden zu verletzen:* Zwang ist wohl auch die letzte Methode, mit der man weiterkommt.

HELENE *die ihn nicht zu Ende reden ließ:* Was er will! Und die Schule, zum Beispiel? *Zu Lambert, um den allzu privaten Zorn etwas zu relativieren.* Haben Sie je darüber nachgedacht, wie früh es losgeht damit: Unfreiheit, Leistungsdruck, Erfolgszwang, Wettbewerbsmechanismen . . .

GEMEINDESCHWESTER: Glauben Sie nur kein Wort davon. Zu den Lehrern sagen sie heute »du« und was sie lernen wollen oder besser nicht lernen wollen, und die Stunden fallen aus, und sie protestieren gegen irgendwas, und über die langen Haare regt sich auch schon keiner mehr auf . . .

HELENE: Paul ist einfach so, und das versteh ich. Die angenehmste Schulzeit wäre immer noch Freiheitsentzug . . .

Lambert möchte Helenes Partei ergreifen, ohne es mit der Tante zu verderben, ist unschlüssig. Die Gemeindeschwester reißt inzwischen entschlossen eine weitere Tür auf, der Blick fällt auf einen festlich gedeckten Teetisch mit Blumenstrauß, ein weiteres Zimmer mit Tradition. Das alles ist mehr für Lambert als der Eintritt in eine Wohnung, es ist der Eintritt in eine in sich geschlossene Welt.

GEMEINDESCHWESTER: Na, wie auch immer, am Paulchen wer-

den Sie zu schlucken haben. Der ist schon ein Brocken. Das
werden Sie erleben.

In der Bibliothek: der alte Fechtheim. Lauscht den Geräuschen
von draußen. Die zeitliche Verzögerung ärgert ihn, sein Auftritt
wäre dran. Räuspert sich, hustet. Beim Lauterwerden der Stim-
men setzt er sich im Backensessel in Positur, heuchelt Lesen. So
sieht ihn, inmitten seines Reichs, Lambert, der zu seinem Er-
schrecken beim Eintreten von der Gemeindeschwester unterge-
faßt wird; sie zieht ihn zu Fechtheim hin, zwar freundschaftlich,
aber auch etwa so, als wäre er eine Art Paul. Fechtheim spielt bei
der Begrüßung seine diversen Würderegister ab. Helene hat das
Ganze nervös beobachtet; sobald sie erkennt, daß sie für einen
Augenblick nicht so sehr gebraucht wird, stiehlt sie sich hinaus;
auf der Diele macht sie am Spiegel eine unerholsame Pause, sie
hält die Handflächen gegen das heiße Gesicht, rückt am Haar
herum, rennt die Treppe hinauf. Zögert, die Hand auf der Klin-
ke, vor einer Tür (Pauls Zimmer, aus dem man Musik hört,
evtl.), gibt das Eintreten auf, geht statt dessen in ihr eigenes
Zimmer. Ein bißchen Puder aufs Gesicht. Aus einer Schublade
nimmt sie ein Tablettenröhrchen, sie schluckt zwei Tabletten, sie
kann es ohne Wasser. Unten hat man sich inzwischen kennenge-
lernt. Fechtheim präsentiert bereits seine Plattensammlung.

GEMEINDESCHWESTER: Setzen Sie sich doch, Lambert. Ich sag
  doch am besten gleich Lambert, ja? Ehe wir's erst förmlich
  machen.
FECHTHEIM *zugleich mit Lamberts höflich einwilligendem Ja-*
  Grunzen: Aber Thea. Immer so plump. – Und hier ist die
  Abteilung Barock. Von hier bis hier.
LAMBERT: Eine wirklich erstaunliche Sammlung.
FECHTHEIM: Nicht wahr. Hier drüben geht's weiter. Das Ganze
  wird allmählich zu einer Platzfrage.

*Pauls Zimmer. Auch hier ist nichts zufällig, auch das ist eine
»Welt«, z. B. mit Posters usw. Helene sieht Paul, der auf dem
Couchbett liegt, Musik hört. Helene wirkt wie nicht erziehungs-
berechtigt. Paul – und von ihm geliebt zu werden – ist für sie das
wichtigste.*

HELENE *vorsichtig:* Hallo!
PAUL *macht eine Andeutung, aufzustehen:* Tag.
HELENE: Kommst du nachher ein bißchen runter? Du brauchst
    nicht gleich dabeizusein, wenn du keine Lust hast.
PAUL: Ich muß noch mal weg.
HELENE: Ach so. *Behandelt ihn wie einen Erwachsenen, etwas
    devot. Nur, falls du Tee willst . . . Paul ist aufgestanden, hat
    die Musik abgestellt, mit dem Rücken zu Helene hantiert er
    was oder tut so.* Das macht dir doch nichts aus, ich meine, der
    Besuch – unten –. Er ist ganz nett, wirklich. Ich glaub, ganz
    sympathisch. Ziemlich sanft eigentlich, glaub ich. – Na ja, es
    ist egal, du kannst auch wegbleiben . . . diesmal . . .

*Bei »diesmal«, das etwas entschiedener klang, hat Paul sich
umgedreht, zum erstenmal Helene angesehen, und das hat sie
verwirrt, zuerst sie, dann ihn auch. Helene geht.*

*In der Bibliothek löst sich die Gruppe bei der Plattensammlung
auf.*

GEMEINDESCHWESTER *zu Lambert:* Meinen Titel können Sie
    ruhig weglassen. Einfach Thea, das genügt.
LAMBERT *möchte sich gründlich ausdrücken, aber dem schenkt
    keiner Beachtung:* Ich danke Ihnen – dieser ganze Empfang
    ist so herzlich . . . *Er will wieder auf sein Vorurteils-Thema
    kommen.* Es ist ja nicht so, daß ich nicht selber empfände,
    wieviel Befangenheit eine solche Situation verursachen
    muß . . .

GEMEINDESCHWESTER: Jetzt gieße ich den Tee ab, ehe er schwarz wird und wir alle heut nacht nicht schlafen können und dann gleich am Anfang einer auf den andern wütend werden. Können Sie schlafen auf Tee?

FECHTHEIM: Sie fragt die Leute aus ... *Seufzt über seine Schwester, wie gewohnt.*

LAMBERT: Ja, doch. Auf Tee schon.

GEMEINDESCHWESTER: Dacht ich mir's doch. Sie sind der Tee-Typ. *Geht. Ruft draußen nach oben.* Helene! Paul! Tee!

FECHTHEIM: Daß Sie Musiker sind, habe ich von Anfang an für ein besonderes Plus gehalten. Von Anfang an riet ich meiner Tochter, besonderen Wert auf die musische Komponente zu legen. Sie selbst ist ein musischer Mensch, musisch begabt, sensibel, obwohl – sie gibt sich gern etwas spröde.

LAMBERT: Wenn man sich an die Wahrheit der Heiratsannoncen hielte, müßte man denken, es gäbe nur zarte, angenehme Menschen, Liebhaber der Literatur, der Schönen Künste, der Musik, Leute, die gern wandern und reisen ...

FECHTHEIM *daß diese Mitteilungen für Lambert wichtig waren, daß Lambert einen Vorstoß hatte machen wollen, übergeht er:* Apropos Reisen: ich halte meine Spanien-Idee für fast genial.

LAMBERT: Es ist sehr großzügig von Ihnen – ich möchte trotzdem, was meinen Anteil betrifft, diese Großzügigkeit nicht in Anspruch nehmen ...

FECHTHEIM: Aber hören Sie mir damit auf. Ich weiß doch, wie es in den idealistisch orientierten Berufen um die Finanzen steht.

GEMEINDESCHWESTER *hereinkommend mit dem Tee:* Im Grunde ist er übrigens, trotz Platten und allem, vollkommen unmusikalisch. – So. Zu Tisch, zu Tisch!

FECHTHEIM: Meine Familie hält mich gern dafür. Ich habe es nie zu irgendwelchem Können auf Musikinstrumenten gebracht. Das ist alles. Das genügt dem oberflächlichen Urteil. *Setzt sich mit Behagen.*

LAMBERT *wird von der Gemeindeschwester sozusagen gesetzt:* Ja ja. Das hört man öfter. Obwohl das Ausüben von Musik oft wenig über die Musikalität eines Menschen aussagt.

FECHTHEIM: Was ich immer predige.

LAMBERT: Aber noch mal zu vorhin: einen Urlaub hätte ich ohnehin gemacht, ich meine, eine Reise wie die geplante ruiniert mich keineswegs . . .

FECHTHEIM: Ich möchte nicht, daß wir darüber noch reden. Erlauben Sie einem alten Mann, sich als Mäzen zu fühlen. *Helenes Eintritt jovial kommentierend.* Ja endlich – da bist du ja, mein Kind. Stell dir vor, wir haben uns auch ohne deinen Beistand gut vertragen.

GEMEINDESCHWESTER: Man beschnuppert sich quasi, so am Anfang . . .

FECHTHEIM: Und wie es nicht anders sein konnte: die Musik hat uns einander schon nahgebracht.

GEMEINDESCHWESTER *komplizenhaft zu Helene, die nicht will:* Er hat von vorneherein angebracht, daß er doch musikalisch ist, dein Vater.

LAMBERT *hauptsächlich Helene zuliebe:* Ein passiver Musikgenuß wäre höchstwahrscheinlich unmöglich, wenn er – er setzt doch wohl ganz entschieden eine Musikalität voraus.

GEMEINDESCHWESTER: Und doch ist er – *schnickt den Kopf zu Fechtheim hin* – ein Gegenbeispiel. *Fertig mit Tee-Eingießen, gibt Kuchen aus; zu Fechtheim.* Sing mir doch mal bitte diesen Ton nach, Bruder. *Singt diktatorisch und laut einen Ton, hält ihn einige Sekunden lang.*

Allgemeine Irritation. Lambert möchte nicht zum Richter in diesem offenbar uralten sinnlosen Streit gemacht werden. Helene ist klar, daß sie die Lage verändern muß. Fechtheim würdevoll gekränkt.

HELENE *lachend:* Wir machen es Ihnen gleich so richtig gemütlich, stimmt's? Familienleben. Die ganze liebe streitsüchtige Zusammengehörigkeit. Wie wirkt das auf einen, der sonst allein ist?

LAMBERT *halb lachend:* Oh – ganz stimulierend . . .

Die Familie ist überrascht, Helene ist fast stolz, weil Lambert sich souverän zeigt.

21

FECHTHEIM: Ja, das glaube ich auch. Obwohl – meine Schwester ist etwas unkonventionell . . .

GEMEINDESCHWESTER: Ich bin nicht verkrampft. Ich halte nichts davon, daß die Leute sich immer verstellen und sich was vormachen und dergleichen.

HELENE: Das ist manchmal höflicher. Er – *zeigt auf Lambert* – hält viel von der Höflichkeit.

FECHTHEIM: Da haben Sie recht. Die Höflichkeit des Herzens . . .

GEMEINDESCHWESTER: Oft heißt das Höflichkeit, wenn die Leute sich vor der Wahrheit drücken wollen.

Der Wortwechsel geht so rasch, daß Lambert zu keiner Stellungnahme kommt, er macht Ansätze dazu, Helene, neben ihm, paßt immer auf ihn auf und darauf, eine Art Regie des Ganzen zu behalten.

HELENE: Ach, Tante Thea . . . Wahrheit! Was man so jeweils dafür hält. Mir sind die Menschen unheimlich, die sich dauernd die Meinung sagen müssen und das als Wahrheitsliebe ausgeben.

GEMEINDESCHWESTER: Nun, du gehörst nicht zu dieser Sorte. – Der Teig ist doch wieder nicht durchgebacken. Ein klassischer Hefeteig sieht anders aus.

FECHTHEIM: Ich nehme an, das Alleinleben schont die Nerven.

LAMBERT: Es hat seine spezifischen Belastungen, auch der Nerven.

FECHTHEIM: Ganz sicher macht es auf die Dauer etwas weltfremd.

HELENE: Du meinst doch nicht, daß wir hier nicht auch weltfremd sind? *Eine Geste umschreibt das Zimmer und meint das ganze Zusammenleben.*

FECHTHEIM: Wieso das? Keineswegs. *Will würdevoll in Richtung Lambert weitermachen.* Wir vier in diesem Haus . . .

HELENE: Es ist fast unwirklich. Seit ich ein Kind war, steht hier der Teetisch. Es kommt mir so vor, als hätte ich mein ganzes Leben an diesem Teetisch zugebracht.

LAMBERT *um einer allgemeinen Verstörung zuvorzukommen:*

Das ist eigenartig und auch schön, Tradition, ein alter Besitz, Vergangenheit, die nicht abgebrochen wird – irgendwie . . .

Sie sind jetzt auf der Terrasse, anschließend gehen sie durch den Garten.

FECHTHEIM: Ich bin froh, daß Sie noch einen Sinn dafür haben. Für alte Anhänglichkeiten.

LAMBERT: Wenn ich das richtig verstehe, hat Ihre Tochter gemeint, daß es für ein Kind nicht so leicht ist, für ihren Sohn . . .

FECHTHEIM: Da hat sie entschieden nicht recht.

LAMBERT: Sie meint wohl, lauter Erwachsene . . . und auch der Garten, die alten Bäume, auch der Garten ist sozusagen erwachsen . . . *Lacht.*

FECHTHEIM: Sie haben in der kurzen Zeit sicher nicht versäumt zu erkennen, daß meine Schwester äußerst realistisch ist. Sie kümmert sich um ihn. Sie steht nun wahrhaftig mit beiden Beinen auf dem Boden. *Beachtet nicht den sehr skeptisch aussehenden Lambert.* Helene selber hat ihn aus dem Internat geholt, befreit, wie sie sagt. Dabei ging es dort überaus leger zu. Erziehung ist nicht mehr modern. Disziplin . . . Trotzdem, es war angeblich zu schlimm für ihn. Nein nein, gut hat er's. Ohne Zweifel. Sehr gut. Vielleicht zu gut. Was meine Schwester tagsüber bei ihm zu erreichen sucht, tilgt meine Tochter abends schleunigst wieder aus. Sie kann ihm nichts verbieten. Sie kann kein strenges Wort über die Lippen bringen. *Unvermutet zu Lambert.* Könnten Sie das?

LAMBERT *unsicher:* Nun – wie Sie ja wissen, ich habe bisher keinen Kontakt zu Kindern seines Alters gehabt, überhaupt zu Kindern . . .

FECHTHEIM: Sie haben doch ein paar Schüler?

LAMBERT: Das ist was anderes. Das geht über den Musikunterricht nicht hinaus.

FECHTHEIM: Und sind Sie da ein strenger Lehrer oder einer, dem die Schüler auf der Nase herumtanzen . . .

LAMBERT: Nun, das sicher nicht, das letzte . . . ich habe allerdings die Erfahrung gemacht, daß mit einer gewissen Art von

Strenge nichts erreicht werden kann – schon gar nicht in der Musik . . . Ich versuche oft, Eltern die Zwangsvorstellung auszureden, ihr Kind brauche nur zu üben und noch mal zu üben, und dann werde schon ein großer Musiker dabei herausschauen.

Ein späterer Zeitpunkt. Fechtheim und Lambert vor der Volière.

Fechtheim: Es ist wichtig, daß man sich in diesem Leben durch irgend etwas verankert, etwas woran man hängt, durch Liebhabereien . . .

Gemeindeschwester kommt näher und tritt zu den beiden mit einer Schüssel voll frisch gepflücktem Obst.

Fechtheim: Durch meine Liebe zur Musik, meine Platten –

Gemeindeschwester *ißt Obst, spuckt Kerne aus:* Früher hatten wir ein Abonnement auf die Städtische Kammermusikreihe . . . *Hält Lambert die Obstschüssel hin.* Greifen Sie zu. – In unserem Alter kommt man abends nicht mehr so leicht aus dem Haus. Die Konzerte wurden uns unbequem.

Fechtheim *will das relativieren:* Wenn man nicht motorisiert ist – wir haben kein Auto, das heißt: wir haben keinen Autofahrer . . .

Gemeindeschwester *auf eine mögliche Lambert-Zukunft anspielend:* Was sich ja durchaus jetzt ändern könnte . . . Nehmen Sie nichts mehr?

Lambert: Danke.

Fechtheim: Zu Haus lenkt einen nichts ab von der Musik. *Ißt Obst.*

Gemeindeschwester: Müssen Sie etwa aufpassen? *Bläst die Backen auf, klopft sich auf den Bauch.* Was sollte ich da sagen. Sie sind ja im Vergleich zu mir noch schlank wie eine Tanne. Halten Sie eine Diät?

Lambert *irritiert:* Nein nein.

Gemeindeschwester: Aber in Spanien würde ich aufpassen, an Ihrer Stelle. Sie sehen nach Magen aus. Und sowieso, die Sonne. Vor zu viel Sonne sollten Sie sich sicher hüten. *Lacht.*

24

Am besten mit einem Hut. Wenn die Mähne dünner wird . . .
Lacht.

FECHTHEIM *pathetisch:* Etwas zu sehen von der Welt . . . In
Spanien war ich selber nie. *Helene ist dazugekommen, was
Lambert erleichtert.* Früher dachte ich, der Ruhestand würde
es mir ermöglichen, zu reisen . . .

HELENE: Aber du kannst reisen, Vater. Aber Spanien, im
Hochsommer . . .

GEMEINDESCHWESTER: Steckt der junge Mann immer noch
oben in seinem Zimmer? Hat er sich etwa eingeschlossen?

HELENE: Ach wo.

LAMBERT *will ihr schnell helfen, vom Paul-Problem weg:* Ein
wenig graust mir ja auch vor der Hitze. *Spürt Fechtheims, des
Reisespenders, argwöhnischen Blick.* Andererseits: man erlebt dann das Land quasi im Original. Ich bin gespannt.

GEMEINDESCHWESTER: Ich meinerseits halte es für eine kaum
noch milde Form von Wahnsinn. Aber bitte. Wissen Sie,
wenn mein Bruder eine Idee hat . . .

HELENE: Er ist doch an die Theaterferien gebunden.

LAMBERT: Wir können leider gar nicht anders, wir müssen in der
Hochsaison verreisen.

GEMEINDESCHWESTER: Nun hab ich mir sagen lassen, es gäbe
noch ein paar andere Länder als Spanien.

Sie haben sich in Richtung Haus in Bewegung gesetzt.

HELENE: Wirklich? Und wo habe ich sonst noch Bekannte,
durch die das Ganze so viel billiger ist?

FECHTHEIM: Das muß aber klar sein: von mir stammt das nicht,
daß gespart werden soll . . .

HELENE: Ach Vater, das ist doch überflüssig – ich meine, es ist
ja normal, wenn man – es ist nicht ehrenrührig . . .

GEMEINDESCHWESTER: Mir persönlich, mir fiele es nicht mal im
Traum ein, vier Wochen lang in der Welt rumzukutschieren.
Ich bin zwar längst pensionierungsreif, aber sie brauchen
mich noch. Es gibt Arbeit vorne und hinten.

LAMBERT: Ein anstrengender Beruf.

FECHTHEIM: Sie hängt an ihm.

GEMEINDESCHWESTER: Jemand muß das machen. Jemand muß auch heutzutage noch da sein, der sich die Hände schmutzig macht.

FECHTHEIM: Ja, der Idealismus. *Deutet über den Garten.* Diese ganze gärtnerische Anlage ist noch auf den Millimeter so, wie sie in meinen eigenen Kindertagen war. Ja, die Idealisten werden knapp auf diesem Planeten, und doch haben wir in diesem Augenblick mindestens zwei hier bei uns, zwei ausübende Idealisten. Der eine in der Musik, die andere bei den Kranken und Schwachen . . .

In der Schule. Erkennbar an den Gängen, den Jugendlichen, Kindern usw.
Helene in der Sprechstunde. Der Lehrer ist fast nicht unangenehm. Für Helene ist es trotzdem unangenehm.

HELENE: Daß Sie nicht verständnislos sind, macht es ja beinah noch schwieriger. Noch aussichtsloser. *Lächelt scheu und trotzig.*

LEHRER *fast sanft:* Es gibt bei uns wirklich keine Schikanen mehr gegen Außenseiter. Im Gegenteil: die Ausgeflippten sind eher in Mode. Ich weiß nicht, was für Argumente Sie noch herbeiquälen sollten. Es ist besser, wenn Sie das einsehen: Paul ist nirgendwo seßhaft. Er ist nirgendwo zu Haus. Er hält sich überall abseits.

HELENE: Ach, was sind das für Außenseiter, wenn sie auch schon wieder eine ganze Gruppe bilden. Dann ist mir sofort klar, daß Paul nicht dazugehört.

LEHRER: Es hat nicht viel Sinn für ihn, wenn Sie ihm zusätzlich den Rücken steifen.

HELENE: Am besten wär's, ich würde ihn in China in die Schule schicken.

LEHRER: Wieso China?

HELENE: Ich hab da gerade was drüber gelesen. Es ist humaner.

Die Schüler brauchen keine Angst zu haben. Niemand bleibt sitzen, es gibt keine Bestrafungen, keine Blauen Briefe ...

LEHRER: Aber militärisches Training, und Sport. Sport, Pauls Hauptkonfliktmasse. *Lacht.* Lassen Sie ihn mal bei uns. Wir fassen ihn schon sanft genug an. Wir fassen ihn beinah überhaupt nicht an.

HELENE *renitent:* Ich werde mich drum kümmern, daß er ein ärztliches Attest bekommt.

LEHRER: Isolieren Sie ihn nicht noch mehr. Ein Attest braucht er gar nicht. Er kann sich auch so in einer Ecke rumdrücken.

HELENE *sieht hinunter in den Schulhof:* Ich finde das alles ganz schrecklich.

LEHRER *neben ihr am Fenster:* Sieht das nicht leger genug aus? Die da drüben rauchen.

HELENE: Seit unter den Verhältnissen nicht mehr gelitten werden muß, weiß man noch weniger, worunter gelitten wird.

LEHRER *an der Tür des Zimmers, Verabschieden von Helene:* Immerhin, er darf leiden. Wir verbieten ihm das nicht. Ich weiß nicht, wie man in China darüber denkt.

HELENE: Ich finde das alles überhaupt nicht komisch.

Helene und die Kollegen am Arbeitsplatz. Bei der Arbeit.

KOLLEGIN: Wenn er also so nett ist ...

HELENE *ahmt nach:* So nett! Was heißt das schon. Sympathisch, habe ich gesagt.

KOLLEGIN: Selbst wenn das also klappt: meine Selbständigkeit würde ich trotzdem nicht aufgeben. Ich würde unbedingt weiterarbeiten. Als Frau ...

HELENE *gereizt:* Für mich ist Gleichberechtigung nicht eine Frage von Weiterarbeiten, Geldverdienen ... Mein Selbstbewußtsein leidet nicht unter der Vorstellung: jemand versorgt mich.

KOLLEGIN: Das kannst du jetzt noch nicht beurteilen. Wenn du erst mal erlebst, abhängig zu sein . . .

KOLLEGE: Auch gehört er ja wohl nicht in die Kategorie der Großverdiener.

HELENE *ahmt seine Redeweise nach:* Auch habe ich ja wohl kein Wort davon gesagt, daß ich hier aufhören würde.

KOLLEGIN *nach kurzer Pause:* Ist er nicht eigentlich auch schon etwas älter?

HELENE: Älter, ja, er ist etwas älter, du sagst es. – Und ich habe ebenfalls kein Wort davon gesagt, daß ich heiraten werde. *Spürt das berechtigte Verblüfftsein der andern.* Immerhin kann man ja mal zunächst jemanden einfach kennenlernen – oder nicht? *Sie tut irgendeinen Handgriff bei ihrer Arbeit zu abrupt, etwas fällt beinah hin.*

Bibliothek Fechtheims. Fechtheim und Lambert nebeneinander vor einem Regal. Fechtheim führt bibliophile Schätze vor, stolz und kindisch, Lambert unsachverständig-höflich. Die Gemeindeschwester zerrt Helene von der Tür her in einen bestimmten Abstand von den beiden, die mit dem Rücken zu ihnen stehen, deutet auf sie.

FECHTHEIM: Unverfälschter Jugendstil. Achten Sie auf das Ex libris.

GEMEINDESCHWESTER: Du, Helene, das mußt du dir ansehen, was ich grad festgestellt habe, ist, daß die beiden sich fast ähnlich sehen – die beiden alten Knaben. *Lacht, will auch Helene anstecken.* Na, sehen sie sich nicht ähnlich? *Lambert irritiert umgedreht, Fechtheim unbeirrt.* Ihr seht ja fast wie Brüder aus, ihr zwei, nur du – *meint den Bruder* – hast weitaus weniger Haar, schäm dich. *Lacht.*

Lambert und Helene sind erstarrt vor Schrecken. Lambert wartet auf Helenes Reaktion, diesmal fällt ihm nichts ein. Ihr auch kaum was. Plötzlich Paul in der Szene, als Beobachter, zieht sich zurück.

HELENE *elanlos:* Der Vater ist doch größer . . .

Kaufhaus. Lambert und Helene auf der Rolltreppe. Helene eine Stufe höher als Lambert. Ohne die Familie ist sie wieder gelöster, fast ganz lustig. Sie gehen umher, betrachten Angebote, Helene wühlt mal in billigen Blusen. Handschuhe. Schals. Lambert interessiert das alles nicht, er möchte mittels gewissenhafter Unterhaltung im Kennenlernen weiterkommen.

LAMBERT: Es ist sicher sehr schwierig, der Schulbetrieb, diese Gymnasien –
HELENE *schroff, weil sie nicht an Paul erinnert werden will:* Wieso? Das sind heut keine Strafanstalten mehr.
LAMBERT: Ich dachte, er hat es nicht leicht in der Schule.
HELENE: Ich hätte nicht gern ein Kind, das gern in die Schule geht. In die schönste Schule der Welt würde mein Kind ungern gehen.
LAMBERT *während sie weiterkommen im Kaufhaus:* Sie bestärken ihn noch, und ich verstehe das, aber ob es nicht besser für ihn wäre, wenn man versuchte, seine Trotzhaltung abzubauen . . .
HELENE *fahrig in einem Pulloverangebot:* Das ist doch kein Trotz. Das ist Leiden.

Anderes Stockwerk, Rolltreppenfahrt. Herrenabteilung. Sie gehen Reihen mit Sommerjacketts ab. Suchen, sind unschlüssig. Noch stört sie kein Verkäufer.

LAMBERT: Ich möchte ihn wirklich erst dann kennenlernen, wenn er es will.

HELENE *beim Thema Paul kann sie nicht gut höflich bleiben:*
Hah – wenn er es will.

LAMBERT: Wenn er es für an der Zeit hält. Wirklich.

HELENE *zieht an einer Jacke, zerstreut, um abzulenken:* Hier,
geht die hier? Nein, scheußlich.

LAMBERT: Natürlich, wenn es nach mir ginge, nach meinem
Interesse – ich bin fast nervös, ja, und neugierig, ich habe es
schon eilig, ich schon – aber es wäre verkehrt . . .

HELENE: Es ist sowieso Paul, der das entscheidet. *Fährt mit der
Hand längs der Jackenärmel.* Warum muß das alles so häß-
lich sein. So häßlich wie das Wort: Freizeit. Freizeitjacke.
Sakko.

*Fechtheim-Garten. Fechtheim und Gemeindeschwester teetrin-
kend, beiden schmeckt es mal wieder. Aus dem Hausinnern
kommt in Widerstandshaltung, langsam, Paul.*

GEMEINDESCHWESTER: Dieser neue Doktor ist ein hirnver-
brannter Kerl. Florohormondragees. Armer Irrer. Was un-
sereins mit Kurpflaumen erreicht . . .

FECHTHEIM *zu Paul:* Ja, Paul, mein Kleiner, endlich. Komm her.

GEMEINDESCHWESTER: Na, ist dir nun doch mal der Sauerstoff
knapp geworden da oben. So was von einem Stubenhocker.

FECHTHEIM: Gib mir nicht immer die Randstücke. – Dabei hat
er viel Sinn für die Vögel. Na, komm her, trink eine Tasse mit
uns Alten. – Gib mir noch Tee.

Paul steht lustlos am Teetisch. Prüft das Angebot.

GEMEINDESCHWESTER: Na, nun setz dich schon. Sei so gnädig.

FECHTHEIM: Du solltest nicht immer an ihm herummäkeln.

GEMEINDESCHWESTER: Ich meine es gut. Ich halte es nicht für
ausgesprochen falsch, wenn hier wenigstens noch einer versucht, ihm irgendwas beizubringen. Er wird uns ja noch ein

Sonderling. Dein Enkel. *Während Paul sich in der Nähe des Teetischs rumdrückt. Ruft.* Und die Locken müssen auch endlich runter. Wenn du morgen nicht allein gehst, komm ich mit. Und wenn ich auf meine Mittagspause verzichten müßte.

FECHTHEIM: Es macht unsere Mahlzeiten so unruhig, wenn du ihn quälst. *Zu Paul.* Nicht wahr, für die große Reise läßt du dich ganz von allein noch schön machen. Mit einem guten Haarschnitt wirst du dann selber aussehen wie ein Spanier. Wie ein stolzer Spanier. *In Wirklichkeit ist Fechtheim das völlig egal.*

PAUL: Ich lasse es wachsen.

GEMEINDESCHWESTER: Was?

PAUL: Es muß länger werden. Und dann schneide ich es sowieso selbst.

FECHTHEIM *kommt rasch der Katastrophe durch seine Schwester zuvor:* Da hörst du es ja. Er macht das schon selber. Man muß sie ihren eigenen Geschmack entwickeln lassen . . .

GEMEINDESCHWESTER: Das werden wir ja sehen. Wir werden ja sehen, wer am längeren Hebel sitzt. – In seinem Alter müßte bereits die Pubertätsdrüse arbeiten. Er ist weit zurück, und das kommt vom Verwöhnen.

FECHTHEIM: Nun, mich freut, daß wenigstens einer in der Familie mal wieder Sinn für die Vögel hat. *Seufzt.* Manchmal denke ich, ich sollte sie allesamt Helene mit zum Ausstopfen ins Museum geben.

PAUL *ganz gelassen, ruhig:* Soll ich sie dir vergiften, Großvater?

Äußerstes Entsetzen Fechtheims, mit dem er gar nichts anzufangen weiß. Da Paul soeben einen Absatz durch den Kies zieht, verlagert er seinen Ärger hierauf und auf den Strich, der im Kies entsteht.

FECHTHEIM: Sei so gut und laß das. Es ist gerade erst frischer Kies draufgekommen und außerdem frisch geharkt. Also bitte laß das Kratzen. Überhaupt, wenn du hier unten nichts mit dir anzufangen weißt – ich bin sicher, du könntest in deinem Zimmer irgendeine sinnvolle Beschäftigung finden. Aufräumen. Oder etwas für die Schule. *Hat entschieden genug von dem Kind, greift sich Lektüre.*

Kaufhaus. Lambert tritt verlegen aus einer Umkleidekabine, anprobiert wird ein helles Popelinejäckchen, das ihn verändert, nicht zu ihm paßt, es ist auch etwas zu klein. Er streckt die Arme vor, um die etwas zu kurzen Ärmel zu demonstrieren, diese Geste denkt er sich erheiternd, insgesamt wirkt er aber wie einer, der um Erbarmen bittet. (In dieser Szenerie und mit diesen Textilien spricht das allerdings für ihn und seine Sensibilität.) Helene, sitzend, sieht schüchtern hin. Die Lage ist grotesk und unwürdig, hauptsächlich verschuldet vom Verkäufer, seinem fast beleidigenden Desinteresse. Das sind zwei Kunden, für die er sich nicht engagiert. Routinemäßig herablassend, um viele Nuancen zu wenig eifrig, bequemt er sich nun zu Lambert, zerrt die Ärmel runter, als würden sie passen, begutachtet faul, zupft am Rückenteil, blickt dann neben Lamberts Scheu in den Spiegel und darin Lambert an, dann zu Helene.

VERKÄUFER *bohrt beim Sprechen mit der Zunge in einer Backenzahngegend, ist also in erster Linie mit sich beschäftigt:* Sieht gut aus. *Er meint es nicht, er meint gar nichts.*

LAMBERT *zu Helene, schüchtern:* Was halten Sie davon?

HELENE: Ich weiß nicht recht. Die Ärmel zum Beispiel . . .

VERKÄUFER: Die Größe stimmt aber.

HELENE *nur zu Lambert, sie haßt und fürchtet den Verkäufer:* Sie paßt aber doch nicht, oder?

LAMBERT *unschlüssig, hebt die Schultern in der Jacke, läßt sie fallen:* Immerhin besser als die beiden andern. Höchstens die Ärmel . . .

VERKÄUFER *abschließend, beobachtet schon anderswo einen Kaufwilligen:* Das ist alles, was ich in der Preislage habe.

Die hohe, altmodische Küche der Fechtheims. Die Gemeinde-schwester richtet das Abendessen, geht von Schrank zu Schrank, sie macht die nötigen Handgriffe. Fechtheim steht nutzlos und gutgelaunt herum und sieht ihr zu.

GEMEINDESCHWESTER: Schließlich, du brauchst dich nicht zu beschweren. Für dich vermehrt sich die Arbeit nicht, Pascha. *Sie meint es nicht böse.*

FECHTHEIM: Aber sie hätte ja sagen können, daß sie übers Abendessen wegbleibt. Man macht sich Sorgen, deshalb. *Er sieht nicht so aus; hinterm Rücken der Gemeindeschwester grapscht er sich schnell ein Stück Käse.*

GEMEINDESCHWESTER: Pascha mit den sieben Roßschweifen.

FECHTHEIM: Wer wird die Vögel machen, im Juli. *Er steht am Fenster, von hier geht der Blick zur Volière.*

GEMEINDESCHWESTER: Ja, wer wird sie machen? *Nun nimmt sie sich heimlich schnell ein Stück Käse, kaut, schluckt.* Sind es nicht deine Vögel? Heißt es nicht offiziell, daß du sie betreust? *Lacht.* Sorgen! Ja, du machst dir Sorgen.

FECHTHEIM: Du verstehst das nicht. *Er dreht sich um, ertappt seine Schwester, die ein zweites Mal naschen wollte. Sehr empört.* Thea!

GEMEINDESCHWESTER: Na und? Ich bin hungrig. Seit fünf auf den Beinen.

FECHTHEIM: Über deine Gefühlswelt fälle ich folgendes Urteil: sie ist plump. *Er geht an den Tisch, wo das Essen angerichtet wird.* Was du kannst, kann ich auch. *Er nimmt unverhohlen ein Stück Käse.* Macht sie sich denn was aus ihm?

GEMEINDESCHWESTER: Das wissen die Götter.

FECHTHEIM: Hoffentlich.

Er folgt seiner Schwester ins Eßzimmer, dort stellt sie Platten und Schüsseln etc. auf den bereits gedeckten Tisch: für drei gedeckt.

FECHTHEIM: Vielleicht bringt sie ihn zum Essen mit.

GEMEINDESCHWESTER: Ich glaube nicht, daß sie selber kommt. Dann wäre sie längst da.

FECHTHEIM *folgt ihr wieder in die Küche:* Er ist ein feiner Mann, er ist vielleicht nicht sehr gebildet, aber doch kultiviert. Doch, das ist er wirklich. *Wieder aus der Küche.* Natürlich, es ist bei allen Musikern dasselbe, sie verstehen was von Musik und damit Schluß. Eine ziemlich einseitige Gesellschaft.

GEMEINDESCHWESTER *schneidet Brot:* Ein feiner alter Herr. Zu alt für deine Tochter.

FECHTHEIM *als wäre er selber gekränkt worden:* Das finde ich nun wieder nicht. Wer soll denn das ganze Brot essen, um Himmels willen?

GEMEINDESCHWESTER *schneidet ruhig noch zwei Scheiben:* Majestät vielleicht? *Sie geht mit den letzten Sachen fürs Essen.*

FECHTHEIM *ruft ihr nach:* Du hast die Oliven vergessen.

GEMEINDESCHWESTER *ruft aus dem Eßzimmer, Fechtheim steht hörend in der Küche:* Es gibt heute keine.

Fechtheim bückt sich daraufhin zum Eisschrank, öffnet ihn, findet die Oliven, steckt sich zwei in den Mund. Während er sich aufrichtet und schnell kaut, hört er die Gemeindeschwester.

GEMEINDESCHWESTER *ruft:* Das kommt von unseren idiotischen Sitten hier, um sechs Uhr ißt kein Mensch zu Abend außer uns. Alte-Leute-Sitten.

Fechtheim kommt ins Zimmer, wo die Gemeindeschwester schon am Tisch sitzt und Brot schmiert. Er setzt sich ihr gegenüber, entfaltet seine Serviette.

FECHTHEIM: Sie hat unsere Abendessenszeit nie kritisiert.

GEMEINDESCHWESTER: Aber jetzt, wo sie einen Verlobten hat
. . .

FECHTHEIM *betrachtet die Käseplatte mißbilligend:* Du hast nicht allzu viel übrig gelassen, meine Liebe.

*Kaufhaus, andere Abteilung. Lambert trägt eine große Papiertü-
te, hat anscheinend die Jacke gekauft. Hüte. Helene auf einmal in
übermütiger Laune. Probiert Kopfbedeckungen aus. Lambert
macht es auch Spaß. Sie verjüngen sich. Erst das Auftauchen
einer Verkäuferin verscheucht sie. Lift. Zwischen Hausfrauen.
Ein Kind starrt zu ihnen rauf.*

LAMBERT: Trotzdem kann ich mir von Ihrer Arbeit nur wenig
vorstellen. Im einzelnen.
HELENE: Ich bin jetzt in der Präparatur. Das ist jetzt mehr
Verantwortung als in der archäologischen Abteilung. Oder
Selbständigkeit. Wie man will. Trotzdem bin ich nur eine
Hilfskraft.

*Sie lachen. Verlassen den Lift. Wäscheabteilung. Helene bleibt
vor einem Wühltisch mit Sonderangeboten stehen.*

HELENE: Ich stopfe Tiere aus!

*Sie lachen wieder, gehen langsam weiter, vorbei an ausgestellten
Beinen. Bei einem ausgestopften BH bleibt Helene stehen. Sie
tippt gegen den drapierten BH: beiden ist das allerdings hauptsächlich peinlich.*

HELENE: So was ähnliches mach ich auch. Ausstopfen. *Lacht,
bereut.*

*Sie gehen weiter, jetzt rascher. Helene vorneweg, sie kommt
leichter durch Menschenansammlungen als der höfliche
Lambert.*

LAMBERT: Und dann werden wir auch eines Tages mit dem
Du-Sagen anfangen müssen. Haben Sie da schon Vorstellungen?
HELENE: Ach so. Ein bißchen können wir noch warten. Was
meinen Sie?
LAMBERT: Sie haben sicher recht. Sonst verspricht man sich
doch nur . . .

HELENE: Das geht mir immer so. Meistens wird man erst recht wieder förmlich und so und befangen, wenn man beschlossen hat, jetzt sagen wir Du. Wenn man vorher schon ganz vertraut war . . .

LAMBERT: Das habe ich auch oft erlebt.

Fechtheim-Garten. Paul muß zwei Eimer mit aufgeklaubtem Kies wieder ausleeren, sein Großvater hinter ihm, ratlos.

FECHTHEIM: Weißt du nicht, daß das Kupferkies ist. Eine ganz besondere und kostspielige Sorte. Soviel ich weiß, habe ich dich des öfteren darauf hingewiesen. Was hast du denn bloß damit anfangen wollen?

PAUL: Ich weiß nicht. Nichts Besonderes.

FECHTHEIM: Aber du mußt doch gewußt haben, warum du das tust. Du kannst doch nicht ohne jeden Sinn hier wie ein Vandale die Wege zerstören. Paul!

PAUL: Ich hab das erst mal einfach so gemacht.

FECHTHEIM: Das ist doch nicht zu fassen. *Drückt Paul ein Gartengerät in die Hand.* Und nun sieh mal zu, daß das wieder genau so schön wird wie vorher. *Beruhigt sich, während Paul harkt.* Das ist doch ein blinder Zerstörungstrieb, mein Kind. Wen in aller Welt willst du denn damit strafen. Du strafst doch nur dich selber. Du mußt diese häßlichen Instinkte in dir bekämpfen.

Paul und Fechtheim sitzen einander am halb abgeräumten Teetisch gegenüber. Fechtheim mit der Zeitung, die Lektüre unterbricht er ab und zu.

FECHTHEIM: Ich beneide dich um alles, was du noch lernen kannst. Du hast dein Leben vor dir. Ich behaupte, alles ist interessant und lernenswert. Es ist die schönste Zeit im Leben, die Zeit des Aufnehmens, du darfst diese Zeit nicht

einfach verschleudern mit dummen, bösen, kleinen Ge-
schichtchen und indem du dich in deinem Zimmer einigelst
und mit dieser Radaumusik. Verstehst du mich? Hörst du
mir zu?

PAUL: Ja.

FECHTHEIM *seufzt auf:* Das ist schön. Ich hoffe sehr, daß du dein
Gleichgewicht wiederfindest, wenn eines Tages deine liebe
Mutter mehr Zeit für dich haben sollte. *Sieht in Pauls verstei-
nertes Gesicht.* Dir ist anscheinend nicht annähernd klar, wie
gut du es hast. Im Schoß einer Familie. Umgeben von Liebe
und Kultur und Tradition und von Menschen, die das Beste
für dich wollen. Würdest du das einsehen?

PAUL: Was?

FECHTHEIM *ärgerlich, verzweifelt:* Ich denke, du hörst mir zu.

PAUL: Ich hab ja zugehört.

FECHTHEIM: Was bist du nur für ein Kind. Ich werde es einfacher sagen: wir haben dich gern. Wir bemühen uns um dich.
Ist das so leichter zu verstehen?

PAUL: Ich weiß nicht . . .

FECHTHEIM: Wir sind in Sorge um dich. Verstehst du das?

PAUL: Ja. Klar.

FECHTHEIM *nur, weil er keine Ahnung hat von Paul, erleichtert:*
Na, Gott sei Dank. So. *Komplizenhafter Ton.* Und Spaß
verstehen wir trotzdem. Besonders ich. Um dir mal gleich ein
Beispiel zu geben, damit du siehst, daß ich zu dir halte, daß
wir zwei durchaus gelegentlich mal eine richtige kleine Ver-
schwörung miteinander haben können, komme ich dir jetzt
zu Hilfe und nehme dir dieses Stück Kuchen ab, und wir
verraten Tante Thea nichts und sagen, aber nur für den Fall,
daß sie danach fragt: o ja, er hat sein Pensum geschafft, er hat
sein Pflichtstück gegessen, hm? *Lacht.* Ist das was? Na, nun
reich's mir doch mal rüber.

*Paul bewegt sich und den Teller nicht. Starrt den Großvater an.
Durchschaut, daß der nur selbstsüchtig gierig ist, daß die Hilfe
beim Kuchen keine Tat für ihn ist.*

FECHTHEIM: Na was denn. Du brauchst keine Angst zu haben,

da kommt nichts raus. Ich leg dich nicht rein. Das ist ein richtiges Komplott. Gib mal her. Und du legst mich nicht rein. *Anbiedernd lachend greift er nach dem Teller.*

PAUL *hält in letzter Minute, so daß der Großvater erschrickt, den Teller fest. Böse und ruhig:* Diesmal will ich das aber essen.

Fechtheim-Bibliothek, Lambert und Helene. Das Cello lehnt ausgepackt gegen einen Stuhl. Notenständer. Lambert am offenen Flügel hört gerade auf zu spielen. Helene im Sessel.

HELENE: Es ging aber doch sehr gut.

LAMBERT: So höflich brauchen Sie nun wieder nicht zu sein.

HELENE *sie haben gelacht:* Doch, wirklich.

LAMBERT *setzt sich ihr gegenüber:* Zum Klavierüben komme ich schon lang nicht mehr. Es ist nur das Wenige übriggeblieben, das man für die Stunden braucht. – Ich habe mir übrigens was ausgedacht, wegen Paul, ich meine, weil es ihm schwerfällt, meine Bekanntschaft zu machen.

HELENE: Es wird natürlich immer schwerer für ihn, er muß ja sein Gesicht wahren, er muß ja diesen Widerstand durchhalten . . .

LAMBERT: Ja eben. Vielleicht hat er sich am Anfang noch gar nichts dabei gedacht. Deshalb: wenn wir ihn nun einfach zusammen von der Schule abholten? Oder wir könnten es auch wie eine zufällige Begegnung aussehen lassen . . .

HELENE: Ja – vielleicht, das wäre vielleicht ganz gut . . . Ich bin Ihnen übrigens dankbar . . .

LAMBERT *stolz, froh:* Ach was. Das sollten Sie nicht sagen . . .

HELENE: Doch doch. Es ist ja nicht selbstverständlich, überhaupt nicht . . .

LAMBERT: Auch ich bin dankbar, Ihnen – Sie haben mir das Einleben hier geebnet – eine Familie ist ja eine ganz hermetische Welt . . .

HELENE: Ich finde, Sie haben das bisher sehr mutig gemacht –

die sind beide so, na ja: eigenwillig, mein Vater, meine Tante . . .

LAMBERT: Es ist schon wahr, ich fürchte mich manchmal vor den
Menschen . . . Aber nicht, wenn ich einen Beistand spüre,
eine Sympathie . . .

*In diesem für sie beide wichtigen Augenblick des Vertrauterwer-
dens werden sie gestört durch Fechtheim und die Gemeindeschwester, die eintreten mit einem Besuch aus der Nachbar-
schaft, einer älteren Frau. Begrüßungen, Hin und Her.*

GEMEINDESCHWESTER: So, das Konzertpublikum ist vollzählig.
Von uns aus kann's losgehen.

*Sie arrangieren Zuhörersessel, setzen sich. Lambert muß anfan-
gen mit einer Bachschen Solo-Sonate für Cello. Helene verläßt
leise das Zimmer, aber von keinem unbemerkt.*

GEMEINDESCHWESTER *wenn sie leise sein will, ist sie immer noch
laut, zur Nachbarin:* Wahrscheinlich versucht sie mal wieder
ihr Glück bei unserm Problemkind. *Jetzt tuschelnd.* Er will
ihn nicht kennenlernen. *Kopfbewegung zu Lambert hin.*

*Helene in Pauls Zimmer. Paul sortiert Fotos/Zeitungsausschnit-
te – irgendeine Tätigkeit, mit der er weitermacht.*

HELENE *in einem Ton, mit dem sie Paul nahesein will:* Jetzt
machen die unten Musik. *Lacht mutlos.* Beziehungsweise
hören zu. Das ist ein Theater. *Wartet ab.* Du findest das
sicher blöd, hm?

PAUL *indifferent:* Ach – egal.

HELENE *allmählich irritierter:* Wieso, das kannst du doch
zugeben.

PAUL: Ich find's – gar nicht.

HELENE: Du willst mich vielleicht nicht kränken, aber das ist

doch alles ganz anders – ich weiß nicht, was du denkst – aber
. . . *Paul hat sie mit kurzem Aufblicken nervös gemacht.* Ich
bin zum Beispiel sicher, daß selbst er, ich meine Lambert, es
saublöd findet. *Versucht wieder infizierend zu lachen.* Oder
zum mindesten doch anstrengend. Und ich auch. Ich find's
auch anstrengend. *Seufzt, ihr Gesicht zeigt die Wahrheit der
Mitteilung.*

PAUL: Warum machst du es dann?

HELENE: Was ?

PAUL: Warum machst du alles immer mit? *Tut so, als rege es ihn
nicht auf, ist weiter beschäftigt.*

HELENE *etwas gekränkt, ratlos:* Ich mache gar nicht alles immer
mit. Ich habe selbst Pläne, das vielleicht. Was meinst du
überhaupt genau? Du sagst ja nie was, wie soll man dann
wissen, was mit dir los ist?

PAUL: Mit mir ist gar nichts los.

HELENE: Aber du hast doch irgendwas gemeint . . .

PAUL: Nein.

HELENE: Doch. Komm, wir können doch mal miteinander drüber reden. Also, was denkst du dir so . . .

PAUL *steht auf, will das beenden:* Verdammt, ich weiß überhaupt nicht mehr, worüber wir geredet haben . . . Ich muß
das hier jetzt machen.

HELENE *steht auch auf, tut so, als betrachte sie irgendein Foto an
der Wand mit Interesse:* Das ist wirklich Klasse, das da. Hast
du's aus dem »Mirror« . . . *Nur ein Laut von Paul.* Du ärgerst
deinen Großvater in letzter Zeit ganz schön penetrant, hm?
Für Tante Thea ist das ja nichts Neues, sie kennt das – warum
machst du das?

PAUL: Ach, so, einfach so.

HELENE: Du mußt doch einen Grund haben.

PAUL: Er ärgert mich.

HELENE: Womit denn?

PAUL: Ach – einfach so, wie er so ist.

HELENE *hat Schwierigkeiten, weil sie nicht streng sein kann:*
Vielleicht machst du es dir selber leichter, wenn du einfach
lieb bist, freundlich.

PAUL: Das bist du ja schon.

Unten in der Bibliothek sitzt inzwischen die Gemeindeschwester am Flügel, ruft der eintretenden Helene zu.

GEMEINDESCHWESTER: Gleich wirst du staunen: wir spielen jetzt deine Lieblingsarie.
NACHBARSFRAU *flüstert gerührt Helene, die sich setzt, zu:* Eine Überraschung für Sie . . .

Fechtheim in Genießerpose, gönnerhaft. Im Grunde ist's ihm langweilig. Lambert ist konzentriert. Gespielt wird, von der Gemeindeschwester amateurhaft-robust, die Geduld-Arie des Evangelisten aus der Matthäus-Passion. Die Gemeindeschwester versucht mitzusummen, schließlich zu singen, und kommt raus, Lambert noch zwei Takte weiter, sie kommen aber nicht mehr zusammen.

FECHTHEIM *angeberisch zur Nachbarin:* Geschrieben ist das ursprünglich für Viola da gamba. Nicht für Violoncello.
GEMEINDESCHWESTER: Tut mir leid. Aber mit diesen Arthrosefingern . . .

Sie hören auf, Nachbarin hat töricht kurzen Beifall geklatscht. Fechtheim läßt nun die Schallplatte, beim Suchen der Stelle von Lambert sachkundig unterstützt, laufen, Lambert spielt zum Gambenpart solo die schwierige Stelle auf dem Cello. Er kann es. In der Tür zum Eßzimmer (Schiebetür, einen Spalt offen) sieht Paul zu, von keinem bemerkt.

Szene, die darauf folgen oder irgendwann gewesen sein kann, Paul und Helene, evtl. in Pauls Zimmer, oder beim Vogelfüttern an der Volière.

HELENE *unterdrückte Angst, gespielt obenhin:* Was würdest du eigentlich sagen, wenn ich mit einem neuen Vater kommen würde, irgendwann . . . *Merkt, daß Paul nicht vorhat zu rea-gieren.* Na? Was würdest du sagen? *Eindringlich.* Hör mal, das ist für mich wichtig. Du weißt doch, daß das für mich das Wichtigste ist.

PAUL: Nein.

HELENE: Was: nein? Du würdest nein sagen? *Fast hoffnungs-voll, fast erleichtert – sie hat ja selbst den Überblick verloren über das, was sie selber überhaupt will.*

PAUL: Nein. Ich weiß nicht, was das Wichtigste für dich ist.

HELENE: Das hab ich dir also gesagt. Also, antworte mir auf meine erste Frage. Was würdest du zu einem neuen Vater sagen? Na ja, Vater. Zu einem Mann einfach. Einem Fami-lienoberhaupt. Anstelle des Großvaters . . . Was sagst du?

PAUL: Nichts weiter.

Pauls Zimmer. Paul mit Bettlaken über Schultern und Oberkör-per. Helene mit der Schere hinter und neben dem sitzenden Paul. Gemeindeschwester im Begriff, sich zu verziehen, wird nicht mehr gewünscht.

GEMEINDESCHWESTER: Na, da bin ich mal gespannt.

HELENE *ungeduldig:* Also geh jetzt, bitte. Mit Zuschauern kann ich nicht arbeiten. Ich bin schließlich kein Fachmann.

GEMEINDESCHWESTER: Wie ihr wollt. *Geht.*

HELENE *wartet die sich entfernenden Schritte ab:* So. Wo nehm ich am besten was weg, ohne daß es auffällt?

PAUL *weist sie mit der rechten Hand an seinem Kopf an:* Hier. Und hier. Aber kaum was.

HELENE *gehorsam:* Keine Angst. Gut, hier vielleicht. *Ist sehr vorsichtig mit dem Schneiden.* Wir brauchen ja einfach nur ein Beweisstück. *Fertig mit dem Schneiden, sammelt sie das bißchen auf.* Das genügt. Sieht ganz viel aus. *Paul betrachtet sich im Spiegel.* Man merkt kaum was, hm? Zufrieden?

PAUL *kommt etwas aus seiner Reserve, weil ihn diese Kompli-*

*zenschaft Helenes wirklich von einer schweren Sorge befreit
hat und glücklich macht; lächelt sogar mit ihr:* Hm. Ja.
Danke.

*Helene ist auch sehr glücklich und gerührt, scheu stehen sie
einander gegenüber, eigentlich müßten sie sich jetzt umarmen,
sich einer dem andern anvertrauen, es ist kurz davor, sieht so aus,
als würde es gleich geschehen: die Stimme Fechtheims, sich
nähernd, kommt dazwischen.*

FECHTHEIM *ruft:* Helene! Helene! Du hast Besuch – *jetzt im
Zimmer, störend, alles auseinanderreißend* – mein Kind . . .

*Helene entsetzt, versteht, daß es diesmal ausgerechnet Lambert
war, der hier – unschuldig – eindrang. Paul wendet sich weg.*

HELENE *mit dem Versuch, die verlorene Stimmung doch noch
auszunutzen:* Du kommst nicht einfach einmal mal mit? Mit
runter?
FECHTHEIM: Eine ausgezeichnete Idee. Laß dich mal anschauen.
PAUL *froh, daß er Fechtheim die Bitte der Mutter abschlagen
kann:* Ich hab jetzt keine Zeit.

*Im Garten, Teetisch, Fechtheim mit Zeitung und Paul. Längeres
Gegenübersitzen.*

FECHTHEIM *zwischen Lese-Intervallen unkonzentriert:* Du bist
kein kleines Kind mehr. Du bist jetzt alt genug, um zu lernen,
dich etwas in andere Menschen einzufühlen. Deine Mutter
liebt dich über alles. Du hast jetzt eine großartige Gelegenheit, ihr diese Liebe zu vergelten. Darin bist du besser dran
als deine Altersgenossen. Für die ist das alles ganz selbstverständlich: eine Frau hat einen Mann, und dieser Mann ist der

Vater in der Familie. *Liest wieder.* Deine Mutter ist noch nicht alt. Für eine Frau in diesem Alter ist es auf die Dauer abträglich, allein zu sein, ohne einen Mann. Es macht sie krank. An Leib und Seele. *Liest.* Das alles kannst du freilich noch nicht wissen, und darum sage ich es dir. Du kannst es lernen. Du bist in dem schönen Lebensalter des Aufnehmens und des Begreifens.

Nachdem Fechtheim sich wieder gründlich in seine Lektüre vertieft hat und Paul vergessen ist, beugt der sich vor, nähert die vorgestreckte rechte Hand der Zeitung, spannt den Mittelfinger gegen den Daumen und schnalzt dann gegen das Zeitungspapier. Erschreckt und erbost taucht Fechtheim hinterm Papier auf.

Außen: nicht weit von der Schule Pauls. Lambert und Helene im Auto. Sie warten. Allmählich verlassen Kinder die Schule.

LAMBERT: Aber schon der Anblick von Schulen ist heute doch nicht mehr so – ich meine, sie sehen erfreulicher aus heute.
HELENE: Ich weiß nicht, ob das so viel ausmacht.
LAMBERT: Ich habe das vorhin sicher nicht so richtig verständlich gemacht, ich wollte sagen: früher konnte ich sehr gut allein sein, es war geradezu ein Bedürfnis in mir, allein zu sein – und merkwürdigerweise gibt es dieses Bedürfnis heute auch noch, aber ich kann es dann, mit dem Alleinsein, gar nicht mehr befriedigend verwirklichen, es ist wie ein Bedürfnis gegen mich, ich habe nicht mehr die Kraft, daraus etwas zu machen . . .
HELENE: Bei mir ist das ganz ähnlich. Manchmal laufe ich einfach weg, am Wochenende – aber dann fühle ich mich dauernd beobachtet. Ich fange alles gerade nur an, ich gehe in eine Richtung und komme nicht weiter und kehre um – höchstens wenn ich mich vielleicht in einen Zug setzen würde – während der Fahrt könnte ich ja nicht gut aussteigen . . .

Paul mit ein paar anderen Schülern: aus der Schule. Sein Weg führt Richtung Auto, und er geht ihn ahnungslos. Helene und Lambert steigen aus, gehen auf Paul zu. Die andern Schüler gehen uninteressiert weiter. Paul ist umzingelt, aber von zwei scheuen Personen.

HELENE *stellt verlegen vor:* Das ist also Paul. Und das ist Lambert. *Während die beiden sich die Hand geben.* Es ist ja gut, daß ihr euch mal kennenlernt. Schließlich müßt ihr ja rausfinden, ob ihr überhaupt Lust habt, miteinander nach Spanien zu fahren . . . *Lacht grundlos, befangen, weil die Begegnung nicht leicht als Zufall auszulegen ist.* Kommst du mit uns? Wir fahren auch nach Haus.

Paul steigt in Lamberts Peugeot 204 ein. (Statt Peugeot auch anderes Auto möglich, aber kein VW.)

LAMBERT *nach einigen schwierigen – weil schweigsamen – Fahrminuten halb zurück zu Paul:* Also was mich betrifft: ich würde gern mit dir reisen. Du bist ein guter Beifahrer. Es ist gut, wenn Beifahrer schweigsam sind . . . *Gerade das war eine Art Faux pas, und alle merken es.*

Spanien. Hotelveranda. Zwischen Lambert und Helene steht Frühstücksgeschirr auf dem Tisch. Es muß bereits heiß sein, sie sehen so aus. Lambert trägt das Popelinejäckchen aus dem Kaufhaus, hat den Sporthemdkragen über den reverslosen Jakkenrand geschlagen. Das steht ihm nicht. Helene fühlt sich in einem Trägerkleid unbehaglich. Paul: zu warm angezogen. Ißt nicht, was Helene ihm hinlegt. Sieht passiv-starr aus.

HELENE *gereizt zu Paul:* Dann steh halt schon auf.
LAMBERT *steht auf:* Ja, dann will ich auch mal . . . Treffen wir uns drin?
HELENE: *nickt nur.*

Lambert geht. Helene versucht, sich zu entspannen. Der Kellner
stört bald. Sie steht auf und geht auch ins Hotel. Paul fängt jetzt
erst zu essen und zu trinken an, entspannt sich.
In der Empfangshalle, mit Gepäckstücken. Lambert und Helene
haben noch zu bezahlen.

LAMBERT *neben Helene an der Theke, sie warten auf Wechsel-*
   geld, er will jetzt auch mal zärtlich und unbeschwert sein:
   Unser vierter Tag, schöne Helena.
HELENE: Das bin ich nicht.
LAMBERT: Was denn?
HELENE: Keine Helena und nicht schön.
LAMBERT *eifrig:* O doch, für mich schon.

Sie haben mehr Schwierigkeiten miteinander als zu Hause. Beide
merken, daß dies kein gutes Kompliment war.
Außen. Hitze. Gepäck wird verstaut. Jede Bewegung ist anstren-
gend. Paul steht dabei, als gehöre er nicht dazu.

Im Auto bei Lambert, es wird gefahren. Helene mit der Land-
karte.

HELENE: Du bist leichtsinnig. Das ist eine schwarz markierte
   Straße.
LAMBERT: Warum nicht? *Zu Paul nach hinten.* Wir schaffen das
   schon, was?
HELENE: Das ist eine unbeschriebene Strecke. Längere Stei-
   gungen über zehn Prozent, hier steht's. Das ist zu gefährlich.
   Bitter, traurig über die eigene schlechte Laune. Für uns.

Schmale Kiesstraße.

LAMBERT *lacht gutmütig, aber das Fahren erfordert seine ganze Konzentration, und er wäre selber lieber auf der richtigen Straße.*

HELENE: Die Straße ist nichts für uns. Kehren wir um.

LAMBERT *fährt weiter:* Ich fürchte, ich bin ein Draufgänger geworden – *seine Hand will zu Helenes Hand, sie verläßt das Steuer –* seit wir zwei ... *Er versucht, auch noch während des Fahrens von der Straße weg zu Helene zu sehen.*

HELENE *schickt die Hand zurück, scharf:* Ich bin auf der Abgrundseite.

LAMBERT *pfeift – irgendwas Klassisches, aus einem Cellopart –, um noch kühner zu wirken.*

HELENE *scharf:* Es ist zu gefährlich für dich hier.

Eine Kurve macht Lambert plötzlich wirklich zu schaffen. Er fährt langsamer, scheint beleidigt. Es kommt eine Stelle, an der man wenden kann, und er tut es. Er hält das Auto an.

HELENE *will wieder nett sein, halb nach hinten zu Paul, der nicht reagiert:* Und für uns auch, für uns zwei ist's auch zu gefährlich.

Sie sitzen erschöpft da. Lambert setzt die Brille ab, wischt sich Stirn und Nasenrücken, mit einem anderen Tuch reinigt er die vorher gründlich behauchten Gläser. Dann nochmals das erste Tuch, mit dem tupft er das Haar ab.

Im Schatten auf einem Mäuerchen sitzen Lambert und Helene. Sie essen jeder einen Apfel. Paul blieb im Auto. Er ist dauernd in einer Beobachterrolle – sobald er allein ist.

HELENE: Was sind das für Gläser? *Deutet auf Lamberts Brille.* Ziemlich dicke, oder? *Zu Paul.* Komm doch raus. Du verbrennst ja noch!

LAMBERT *stolz:* Ich habe komplizierte Gläser. Gegen Astigmatismus.

HELENE *heuchelt viel Interesse:* Ah. Unangenehm.

LAMBERT: Sphärisch auf dem einen Auge minus einskomma-
drei, und beim andern minus zweikommafünf.
HELENE: Vom Notenlesen!

*Sie lachen. Helene ist fertig mit ihrem Apfel, sie wirft den Rest
weg und dann, aufs Werfen gekommen, kleine Kiesel.*

LAMBERT: Und die Achse beim einen Auge sechzig Grad, beim
andern, so viel ich weiß, einhundertunddreißig Grad, ich
weiß es nicht auswendig – *hüstelt* – aber du wirst es erfahren,
genau erfahren. *Er sieht sie an, als habe er ein entzückendes
Geheimnis für sie bereit, demnächst, zu Haus. Helene sieht so
aus, als wolle sie es nicht unbedingt erfahren.*

*La Olla. Auf dem bambusüberdachten Balkon einer Landvilla
sitzt Eva, Ende 30, im Badeanzug und etwas zu rund dafür. Sie
ist der gewissenhafte, mütterliche Typ. Soeben treffen Lambert,
Paul und Helene ein. Eva steht auf zur nicht überschwenglichen
Begrüßung. Allen ist zu heiß, höchstens bis auf die immer gefaß-
te Eva. Lambert geniert sich, weil Eva im Badeanzug ist und an
mehreren Stellen herausquillt. Limonade und Bier stehen
herum. (Begrüßungshin und -her. Der nun fällige knappe Wortwechsel: Auch schon da – diese Hitze – staubig hier oben – man
muß sich erst dran gewöhnen – 36 Grad Hitze.) Die Neuen
setzen sich.*

EVA *der Lamberts Verwirrung auffiel und Spaß macht:* Hier
trifft man überall Leute, die nichts anhaben, Lambert. Am
besten, auch ihr zieht euch gleich aus. Hermann ist mit Sofia
am Strand.
HELENE *zu Lambert:* Sofia ist ihre Tochter.
EVA *zu Paul:* Spring mal los. Sofia freut sich schon auf dich.

Lambert nickt Helene zu, dankbar für jede kleine Hilfe. Eva starrt ihn, wenn sie es heimlich kann, an, ihr Blick besagt, daß sie längst auf diesen präsumptiven Mann ihrer Freundin Helene neugierig war, daß sie ihn nun zu alt findet, daß dies sie befriedigt, daß sie sich fragt, ob die beiden mittlerweile intim miteinander sind. Paul bleibt stehen.

EVA: Er ist ja viel zu warm angezogen.
HELENE: Da kann man nichts machen. *Zu Paul.* Setz dich doch.

Die Hitze wird durch die Trägheit der Leute präsent.

PAUL *bleibt stehen.*
EVA: Zieht euch um, wo ihr wollt. *Zu Lambert.* Sie baden vielleicht besser nicht gleich am ersten Tag?
HELENE *wachsam, gereizt:* Am ersten Tag? Wir sind seit drei Tagen in Spanien.
EVA *als spreche sie über ein Kind oder ein Tier:* Hat er schon mal gebadet?
HELENE *lacht künstlich:* O Eva, Eva . . . *zu Lambert.* Eine typische Mutter!
LAMBERT *kennt Helenes Argwohn nicht:* Ich habe mich wirklich gleich am ersten Abend ins Wasser gewagt . . .
EVA: Ja, aber hier, und um die Mittagszeit . . .
HELENE: Es ist zwar rührend von dir . . .
EVA: Ich hab's nur gut gemeint. Geht Paul nicht ins Wasser?
HELENE *mit Mühe immer noch munter:* Nein. Warum auch.
EVA: Die Hitze ist gefährlich, mittags. Aber den Kindern ist das egal.
HELENE *leiser, schärfer:* Hier ist alles gefährlich, oder?

Am Balkon vorbei gehen in ihrer abgeschiedenen, unbeirrbaren Ruhe, in knappen Badeanzügen mit guter Figur, irgendwelche Bekannte. Gemächlich und ohne irgendwas damit zu meinen winken sie mit ihren Handtüchern. Wieder der Gegensatz zu Lambert und Helene, dem diffizilen Paar. Lambert geht ins Hausinnere. Die beiden Frauen zögern, bleiben zurück. Paul abseits.

EVA *rasch, nicht laut:* Ich mein's nur gut, was hast du denn?

HELENE *nervös:* Nichts, wieso.

EVA: Ich dachte, er muß vielleicht auf seine Gesundheit aufpassen. *Sie beäugt Helene, ihr Blick will alles wissen.* Ist er – *Geste, Pause* – nett? *Sieht sich nach Paul um, er scheint ihr weit genug weg zu sein.*

HELENE *in einem Ton, der nichts sagt:* Ja.

EVA *zurück zu ihrem früheren Thema:* Diese Hellhäutigen . . .

HELENE: Er ist erwachsen, trotz allem.

EVA: Blonde vertragen nicht so viel Hitze, die Sonne – deshalb. Er w a r doch blond? *Lacht künstlich verlegen.* O je, wie sollst du das wissen. Du kennst ihn ja kaum. Seit wann kennst du ihn?

HELENE: Was weiß ich. *Seufzt, tut, als wolle sie gehen – aber wohin?* Frühjahr, glaub ich.

EVA *nach kurzer Pause:* Doch, er war sicher blond, er ist der Typ. Er hat blaue Augen, hat er nicht? *Lacht.* Das zumindest wirst du wissen! *Lacht.* Vertragen die beiden sich? *Geste in Richtung Paul.*

HELENE: Doch . . . ja. Warum auch nicht. *Unerwartet gibt Eva ihr einen kleinen Schubs.*

EVA: Umziehen! Nicht träumen! – Das ist ja mit das Wichtigste, daß Paul und er – ich meine, daß sie miteinander auskommen.

Sie gehen ins Haus, sie machen, von Eva geführt – sie hält Helene an den Schultern, schiebt sie so vor sich her, vor einem Spiegel halt, Eva steckt ihr Gesicht, das in einem ernsthaften Lachen erstarrt, neben Helenes.

EVA *strahlend, aber es wirkt nicht fröhlich:* Verliebt? Hm? Im Ernst: Wir Älteren arrangieren uns schon. Aber so ein Kind . . .

Torres. Strand, eine kleine felsumkrallte Bucht. Evas Mann, Hermann, etwas negroider, sportlicher Typ, plantscht aus seichtem Wasser zur Begrüßung der Ankömmlinge; mit Schwimm-

flossen und blankem, haarlosem, Körper, unbewegtem Gesicht,
gleicht er einem Seewesen. Er sieht so ernst und fast verbittert
aus, als habe er eine höchst schwerwiegende Sache hinter sich:
Baden im Meer. Auch Begrüßung und Vorstellen absolviert er
wie eine ernste Aufgabe.

HELENE: Das ist Lambert. Und das ist Hermann.
HERMANN *nach dem fälligen Händedruck, zu Helene:* Du mußt
mich ihm zuerst vorstellen, Lenchen. Alter geht vor Schön-
heit. *Er fängt ein hechelndes Gelächter an, das ohne seine*
Mitwirkung zu funktionieren scheint und übergangslos endet.

Lambert lacht etwas verblüfft mit. Ein kleines, dünnes Mädchen,
Sofia, etwa zehnjährig, springt aus dem Wasser, es hat den
ernsten Ausdruck des Vaters, dazu den leicht beleidigten und
ehrpusseligen der Mutter. Vor jedem knickst es mit pedanti-
schem Eifer.

EVA *tätschelt an der fast nackten Tochter herum, die sich mit dem*
Rücken an die Mutter lehnt und Lambert betrachtet: Ist sie
nicht knusprig braun? Ich werd nie so. *Zu Helene.* Sag mal,
kann Paul jetzt eigentlich schwimmen? Wo ist er überhaupt?
HELENE: Er ist im Haus.
EVA: Kann er mittlerweile schwimmen? *Ihr Zeigefinger dreht*
sich in Sofias kurzem braunen Haar.
HELENE: Nein, ich . . . *Es ist ihr peinlich, sie ist trotzig.* Er macht
sich nichts draus.

Lambert und Hermann stehen ein paar Schritte weiter weg,
Hermann zieht seine Flossen aus und erklärt Lambert ir-
gendwas.

SOFIA *macht sich von Eva los, zu Helene:* Ich kann schon rük-
kenschwimmen, tauchen, springen und kraulen . . .
HERMANN *ruft rüber:* Gib mal nicht so an. *Er ist aber stolz.*
EVA *stolz wie Hermann, äfft Sofia nach:* Rückenschwimmen,
tauchen, springen und kraulen. *Normal, ernsthaft.* Aber sie
kann's wirklich, du wirst staunen. Vielleicht würde ihn das

anspornen, deinen stummen Paul, hm? Hat er keinen
Ehrgeiz?

*Helene hört ihr nur halb zu. Sofia rennt weg, man folgt ihr ans
Wasser. Helene bleibt zurück. Eva merkt es und kehrt um, stellt
sich neben sie. Die Männer beobachten Sofias Darbietungen:
soeben einen Sprung vom Felssaum.*

EVA: Bist du schlecht gelaunt?
HELENE: Wie kommst du darauf. *Sie geht weg, zu den andern.*
HERMANN *zu Lambert:* Ich tauche, weil es so gesund ist. Ohne
    sportlichen Ehrgeiz.
EVA *ruft und kommt:* Glauben Sie ihm kein Wort!
HERMANN *gemächlich:* Ich käme mir allerdings wie ein Voll-
    idiot vor, wenn ich gewisse Sachen nicht mehr hinkriegte,
    tauchen und so weiter, als Mann.

*Wieder steht Helene etwas abseits, und wieder bedeutet das, daß
Eva es bemerkt und sich zu ihr gesellt.*

EVA: Warum habt ihr euch nicht umgezogen? Wollt ihr nicht
    baden?
HELENE: Ich nicht. *Sie setzt sich auf den Kiesstrand, zieht die
    Beine an, umarmt ihre Knie.*
EVA *blickt auf sie herunter:* Wie kommt ihr miteinander aus?
HELENE: Gut. Warum? *Ihre Knappheit ist abweisend, sie sieht in
    eine andere Richtung.*
EVA: Das ist doch ziemlich wichtig, oder?
HELENE *spielt mit Kieseln:* Für mich schon.
EVA *beleidigt:* Entschuldige.
HELENE *zieht jetzt ihre Schuhe aus:* Was denn?
EVA *nach kurzer Pause wieder beruhigt, sie setzt sich neben
    Helene:* Er ist schon älter.
HELENE *versucht, mit den nackten Zehen einen Kiesel zu um-
    krallen:* Ich wollte ja einen älteren. Man kann ja wählen. *Sie
    schnickt mit den Zehen den Kiesel weg.* Man kauft ja nicht die
    Katze im Sack, bei dieser Methode. *Lacht, steht auf, streckt
    sich.*

Eva *steht auch auf:* Hat er mit Paul schon irgendeinen Kontakt?

Helene *geht voraus ans Wasser, die Frage macht ihr mehr zu schaffen als die andern, die ihr auch nicht gefielen:* Keine Ahnung.

Eva *hinter Helene:* Du hättest ihn an den Strand mitnehmen sollen. Er könnte endlich schwimmen lernen. Hermann ist ein guter Schwimmlehrer. *Kleine Pause, sie sind am Wasser, Helene macht die Füße naß, sie geht tiefer ins Wasser, aber Eva bleibt ihr auf den Fersen. Lauter, denn hier am Wasser ist es lauter.* Weißt du, er wird sich ja einfach vor Sofia totschämen, wo er so viel älter ist. Ich meine, das erzieht. Das sind die besten Kuren, die Gewaltkuren. Der Wettbewerb unter Kindern.

Helene watet im Wasser zur Stelle des Strandes, an der noch immer die Männer stehen. Sie schließen gerade die Untersuchung von Hermanns Taucherausrüstung ab.

Lambert *froh übers Auftauchen der Frauen, höflich zu Eva:* Ihre kleine Tochter schwimmt wirklich vorzüglich.

Eva: O ja, das tut sie. Aber dafür haperts mit gottweißwasallem.

Helene *lauter Seufzer:* Der typische Stolz einer deutschen Mutter. Immer etwas abschätzig. *Ohne Neugier fummelt sie an Hermanns Taucherausrüstung.*

Eva *zu Lambert:* Ich habe zu Helene gesagt, es ist schade, hab ich gesagt, daß du Paul nicht mit an den Strand genommen hast. Schon wegen des Schwimmens und so.

Hermann *zu Lambert:* Sie sollten was auf dem Kopf haben. Wenn mal die ersten Jünglingslocken ausgefallen sind ... *Streicht sich grinsend über sein eigenes enganliegendes Haar.*

Im Wasser will Sofia ein badendes Paar auf sich aufmerksam machen; die steigen am Strand gegenüber aus dem Wasser, sie legen sich auf einem Felsen nebeneinander, vertieft ineinander, unzugänglich für Sofia. Sie betrachten ihre nassen Körper. Helene macht plötzlich Unsinn, deutet wild raus aufs Wasser.

HELENE *laut, albern:* Achtung! Ein Seeungeheuer schnappt nach Sofia!

Sie lacht allein, die andern verstehen nichts, wissen nichts damit anzufangen, Helene sieht so aus, als wünsche sie das Seeungeheuer herbei.

HERMANN zu *Lambert:* Bei Ihrem Teint . . . *Er begutachtet Lambert.*

LAMBERT: Ich vertrage die Hitze ganz gut, obwohl . . .

HELENE *ruft ihnen zu, sie steht im Wasser:* Das Erstaunliche ist, er kann schon für sich selber sorgen. *Lacht.*

EVA *wirft Hermann, der davon nicht Notiz nimmt, Blicke zu, die ihn verständigen sollen, daß Helenes Verhalten nur übel auszulegen ist. Nach einer Pause zu Helene:* Ich weiß, was ich tue. Ich werde dir jeden einzelnen Laden aufschreiben, wo du gut einkaufst. Fleisch holst du am besten bei Navarro. Du kannst auf keinen Fall überall hingehen. Du befindest dich in Spanien.

Sie kehren sich ab von der Bucht, sehr langsam bewegen sie sich auf die Autos zu. Sofia steht störrisch am Wasser, will sich wieder präsentieren, aber es ist keiner da.

EVA: Es ist zu heiß für Neulinge.

HERMANN: Mir kann's so rasch nicht zu heiß werden.

EVA: Wir sind auch beim ersten Mal mit dem Klima sofort ausgekommen.

LAMBERT *höflich, müde, Handbewegung:* Ich gebe zu . . .

EVA *hochbefriedigt:* Sehn Sie!

LAMBERT *er will nicht, daß seine Bemerkung als Kritik verstanden wird, bringt sie sanft vor:* Es wird ein bißchen anstrengend, mit der Hitze . . .

HELENE: Geschmackssache.

Sie haben Lamberts Auto erreicht, in das sie alle steigen, die Frauen im Fond.

EVA *ehe abgefahren wird, triumphierend:* Ihr werdet euch wundern. Es wird noch nichts fertig sein. Das ist Spanien . . .
HERMANN: Fahren wir ruhig mal rauf.
EVA: Ihr werdet sehen.

Das Auto an einer andern Stelle, oben im Dorf, die letzte enge Kurve vor dem Berggipfel. Lambert allein, am Steuer. Er schafft diese Kurve nicht. Die andern drei sehen zu. Helene nervös.

EVA: Der arme Lambert.
HELENE *bissig:* Wir hatten schon schlimmere Straßen, unterwegs.
HERMANN *ruft in seiner mürrischen Art:* Mehr Gas vorm Einkuppeln.
EVA: Der Arme. Von nun an müßt ihr ja mehrmals täglich hier rauf und runter.
HERMANN: Ein Auto ist keine Geige.

Lambert hat immer noch kein Glück. Schwitzend und erledigt sitzt er hinterm Steuer wie ein unförmiges albinotisches Haustier, das von seinen Besitzern während eines peinlich intimen Vorgangs überwacht wird.

EVA: Cello, er ist doch Cellist!

Dorfstraße. Lambert, Helene, Hermann, Eva folgen einer älteren Spanierin bis vor ein schmales Bauernhaus zwischen ähnlichen Häusern. Scheunenartiges Tor, der Eingang, zerlaugtes Holz, die Tür sperrt sich eine Weile. Sie steigen eine steile Steintreppe hinauf. Das Hausinnere schläft unter Kalkstaub.

EVA *zu Helene:* Du kannst dich drauf verlassen, sie braucht mindestens drei Tage, um hier menschliche Zustände zu schaffen.

Tücher über verwitterten, wenigen Möbeln. Eindruck der Unbe-
wohnbarkeit. Ein breites Bett für zwei, Helene entfernt sich von
ihm, als sie Lambert neben sich bemerkt. Hermann stößt die
hölzerne Ladentür auf den schmalen Balkon auf. Hitze dringt in
das große, mit schwarzweißen Fliesen ausgelegte Zimmer. Hele-
ne betritt den Balkon. Unten die enge, staubige Straße mit
schmalen, hohen, zusammengewachsenen Häusern und deren
gußeisern vergitterten Balkonen, den Tüchern, Tüll- oder Perl-
vorhängen anstelle von Türen.

EVA: Wenn sie erst mal saubergemacht hat, geht es. Du wirst
   sehen. Mach dir keine Sorgen.

Eva will, daß Helene sich Sorgen macht, die aber will ihre Sorgen
keinem zeigen. Wieder bemüht sie sich, Evas Anteilnahme los-
zuwerden. Hermann macht träge ein paar nur die schwarzen
Kacheln betretende Schritte. Auch Helene geht Figuren auf dem
Schachbrettboden.
Draußen, Straße, sie stehen geblendet in der Hitze. Die Spanie-
rin, devot, dienernd und doch nicht würdelos, verabschiedet
sich.

HERMANN: Und auf dem Fußboden – *schnickt den Kopf nach*
   oben – könnt ihr Schach spielen.
EVA: Verliebten gefällt es überall. Und das Kind . . .
HELENE: Dem Kind gefällt es nirgends.

Oben im Dorf. Helene betritt allein die Kirche, die andern blei-
ben auf der staubigen Straße zurück. Die Kirche ist im Verhältnis
zur Armseligkeit der angrenzenden Straßen fast prunkvoll. He-
lene bleibt der Tür nah. Spatzenschwärme umflattern ihre Nester
im Innern des Turms. Helene, das Vogelgezwitscher, die Kirche:
für einige Momente. Sie möchte bleiben und geht. Allein auf dem
Platz. Sie entschließt sich, um die Ecke zu gehen, und trifft die

andern wieder. Lamberts Kopf schützt ein buntes Frauenta-
schentuch. Er lächelt ihr verlegen zu, er fürchtet sich vor ihrem
Tadel, trägt das Tuch auf Evas Befehl.

EVA *unzufrieden mit Helene:* Wir haben dich gesucht. *Sie weist
auf Lambert.* Ich habe ihn geradezu gezwungen, das aufzu-
setzen. Er ist unvernünftig.

*Bar Algar. Die vier kommen herein. Der Raum ist rauchig,
dämmrig. Von einem Tisch wird gewunken: hier sitzen die Be-
kannten mit Sofia, Paul und zwei offenbar befreundeten Männern. Eva und Hermann, Lambert und Helene gehen dahin. Mit
Bärten und Ringelpullovern bemühen die beiden Männer sich
um Bohemien-Aussehen.*
*Die Kamera entfernt, man hört den Wortwechsel nicht. Dann
nah.*

HELENE *zu Paul, der nicht reagiert:* Da bist du ja auch mal
wieder.
EVA *zu Helene:* Den älteren schätzt Hermann als Maler. Er ist
ziemlich gut, sagt er.
EVA *zu Paul:* Warum läufst du denn so rum, in dem warmen
Zeug? Das ist doch verrückt. Sieh mal Sofia an.

*Hermann verhandelt mit dem Kellner. Bestellungen. Die andern
am Tisch trinken Rotwein. Sofia ißt bereits langsam und gewis-
senhaft.*

EXOTE *zu Lambert:* Sie haben sich doch nicht etwa bereits
eingelebt?
EVA *zu allen und zum Kellner:* Ich nehme bestimmt nur einen
Happen.
HERMANN *zu Lambert:* Filete ist Ihnen doch recht? *Zum Kell-
ner.* Tres filete, por favor. *Zu Paul.* Und du?

EVA *zu allen:* Wenn ihr hier keinen Kontakt kriegt, seid ihr selber schuld.

HERMANN *zu Helene:* Ist er eigentlich stumm?

Kellner deckt den Tisch, Teller, Besteck.

HELENE *zum Kellner:* Noch einmal Filete. *Zu Hermann.* Kann sein.

SOFIA: Ich war zehn Meter unter Wasser, Mama!

EVA: Ja, das ist wirklich das Phantastische, wie ein Wunder, wir hatten nie nie nie Quallen hier, stimmt's, Herrchen?

SOFIA *stupst die neben ihr sitzende Helene:* Du, ich war zehn Meter unter Wasser, du. Zehn Meter lang.

HELENE *grob, leise:* Und warum bist du nicht da geblieben?

EVA *laut, zu allen:* Hermann hat in der letzten Woche viel Graphik gemacht, stimmt's. *Zum jüngeren Mann.* Waren Sie auch fleißig, ausnahmsweise?

MALER: Ich halte mich lieber an die Regel.

Unterm Tisch: die krumplige Tweedhose des einen Mannes reibt auf und ab an Helenes Schienbein. Sie läßt es zu. Ihr Gesicht verrät nichts, höchstens eine gewisse Überraschung. Kellner mit Wein. Es wird reihum ausgeschenkt. Helene wird lebhafter. Sie prostet den Männern zu. Lambert sieht es. Eva auch. Lambert prostet Helene zu.

EVA *laut, etwas gereizt, wenn sie nicht dominiert:* Also los – hebt das Glas – auf das neue Paar. Auf die Zukünftigen!

Alle essen vom gemeinsamen Salatteller, trinken.

SOFIA *versucht, sich an Paul heranzumachen:* Nachher mach ich dir Schmettern vor, du – willst du zusehen, wenn ich nachher im Wasser Schmettern mache . . .

HELENE: So was interessiert ihn nicht, stell dir vor.

EVA *beleidigt über den scharfen Ton:* Es wäre aber besser, wenn er sich für so was interessieren würde . . .

HERMANN *zeigt Lambert einen Mann an einem andern Tisch:*

Das ist ein Typ, kann ich Ihnen sagen. Ein richtiger Exote.

EVA *die sich nicht genug überall belehrend einmischen kann:* So eine Art Artist. Reist einfach so rum. Nirgendwo zu Haus. Also ich weiß nicht. Jetzt sucht er sich eine neue Frau. Das heißt: ein neues Bett. Ein Dach überm Kopf. So lebt der.

HERMANN: Saufen kann der. Und was anderes anscheinend auch.

EVA: Na, ich weiß nicht. Mir imponiert so was nicht. Diese Touristin hat sich bald umgebracht, weil er sich davongemacht hat.

HERMANN: Der verträgt was.

SOFIA *zu Paul, aber laut für alle:* Schmettern, das ist ein Schwimmstil.

Draußen. Die andern vom Tisch verabschieden sich, alle ermüdet, erhitzt. Der einzelgängerische Typ geht an ihnen vorbei und bildet einen Kontrast zu ihnen, den bürgerlichen Touristen. Helene sieht ihm nach. Lambert merkt es. Daraufhin auch sofort Eva.

EVA: Passen Sie auf, Lambert, Ihre Helene riskiert schon ein Auge.

Es wird gelacht, trotz der peinlichen Billigkeit und der Öde dieser Bemerkung. Sie setzen sich in Bewegung. Sofia belästigt jetzt Helene.

SOFIA: Kann Paul nicht schmettern?

EVA: Sei still, Schatz.

HELENE *grob zu Sofia:* Hast du nicht zugehört: er kann überhaupt nicht schwimmen. *Zu Eva.* Will sie das schriftlich haben? Und: er will gar nicht.

EVA: Er ist ein fauler junger Mann, nicht wahr? Ein bißchen bequem. So sind sie heute, manchmal. Einige. Zum Glück nicht alle. Mit den Mädchen ist's sowieso meistens noch einfacher.

Sofia starrt verblödet Helene an. Mit diesem Ausdruck endet die Szene.

*Vor dem Landhaus in La Olla. Sie gehen ins Haus. Nur Sofia
und Paul bleiben draußen. Unschlüssig, sie hickelt ein bißchen herum. Plötzlich nimmt sie einen Anlauf und verschwin-
det auch im Haus. Paul ist etwas überrascht, weil sonst immer er
es ist, der sich verweigert. Geht einen Pfad in Richtung Land-
schaft.*
*Oben, in einem ziemlich kahlen, hellen, trotz der Jalousien hei-
ßen Raum, der an den Balkon grenzt, stehen Lambert und
Helene zwischen ihren Gepäckstücken wie in Trümmern. Sie
hören Sofias gellendes Rufen.*

SOFIA: Du! Ich zeig dir jetzt Schmettern! Komm!

*Auf dem bambusüberdachten Balkon richtet Hermann Ölbilder
und Graphikmappen zu einer Vorführung. Eva hantiert mit
Decken, tüchtig wie immer. Sofia stürmt jetzt dazu. Sie zerrt an
Helene.*

SOFIA: Hör doch, ich zeig dir jetzt, wenn ich schmettere, unten
im Garten ist ein Bassin. Komm.
EVA *drückt Sofia eine Luftmatratze in die Hand:* Betätige dich.
*Lächelt gefallsüchtig mit Lambert, schüttelt über Sofia den
Kopf.* Na los. Ttz. Ein bißchen was von Pauls Phlegma könn-
te ihr nicht schaden. Andererseits . . .

Sofia bläst die Matratze auf, ihr kleiner Körper wird überfordert.

HELENE *zu Sofia:* Ich interessiere mich wirklich nicht sehr für
Schwimmen.
EVA: Wie ist das nun, wollt ihr beide zusammen im Atelier
schlafen – oder? *Sie starrt abwechselnd beide an, begeistert
und erschrocken vor Neugier.*
LAMBERT *deutet:* Das muß sie entscheiden.
HELENE *wendet sich von der aufblasenden, anstarrenden Sofia
ab:* Hier, denk ich, einer von uns, das ist vielleicht bequemer.
*Sie zeigt eine Nische im Flur, nah der Balkontür, man sieht
den Bilder prüfenden Hermann.* Ich brauch es nämlich kühl.
Lächelt beschönigend.

EVA *deutlich, laut:* Also kommt die eine Luftmatratze ins Atelier für Lambert und die andere auf den Flur, hast du gehört, Sofiechen.

SOFIA: Und Paul schläft bei mir.

HELENE: Nein. Bei mir.

EVA *stolz-abschätzig:* Ich hoffe inständig, du wirst heut noch fertig mit Aufblasen.

Von der Balkonbrüstung blickt Helene auf trockene Campolandschaft, eine mürbe, von fruchtbarer Ergiebigkeit und Ausbeute erschöpfte Gegend. In der Ferne das Meer, Richtung Osten, wie eine Einbildung. Nördlich rote, kahle Berge mit stumpfen Gipfeln, abweisend. Übertriebene Helligkeit, Klarheit. Anstrengend, kein Pardon, nichts Liebliches. Harte Konturen. Paul sitzt am Weg. Auf dem Balkon, Helene wendet sich um, Kaffee wird ausgeschenkt. Lambert sitzt und bekommt seine volle Tasse von Eva.

HELENE: Mir nicht. Das ist Gift für den Kreislauf. Zuerst Alkohol und dann Kaffee.

SOFIA *hüpft auf der Stelle:* Wer geht mit mir und sieht mir zu, wenn ich Schmettern vormache.

EVA: Wir gehen nachher alle runter und sehen dir zu. Such mal den Paul.

SOFIA *etwas beruhigt, zu Helene an die Brüstung:* Warum kann Paul denn überhaupt noch nicht schwimmen?

Helene sieht aus, als würde sie entweder verrückt werden oder Sofia über die Brüstung werfen.

EVA: Er hat keine Lust gehabt bis jetzt, du hörst's ja. Nun wechsle mal das Thema. Er wird's sehr bald lernen und es dann vielleicht besser können als du.

HELENE *scharf:* Das glaube ich nicht.

EVA *starrt Helene an, vergißt, die Kaffeekanne abzusetzen.*

SOFIA *eifrig:* Das glaub ich auch nicht, wie will er mich jetzt noch einholen.

HELENE: Das will er gar nicht. Das soll er auch gar nicht.

EVA *gefaßter, zu Lambert:* Ich hab das nur so gesagt . . .

HELENE: Du brauchst Paul nicht in Schutz zu nehmen. Mir ist's egal, ob er schwimmen kann.

EVA *mahnend, enttäuscht:* Schwimmen ist sehr gesund für die Kinder, vergiß das nicht. Sehr wichtig für's Rückgrat.

LAMBERT *will versöhnen:* Er ist doch ziemlich zart . . .?

HELENE: Ich mag Sport überhaupt nicht. *Sie sieht wieder weg.*

SOFIA *ruft:* Ich aber. Ich mag Sport, das stimmt doch, Mami!

EVA *gekränkt:* Allerdings, Gott sei Dank.

SOFIA: Ich werd im Winter meinen Rettungsschwimmer machen.

HERMANN *prüft schmatzend die Kaffeesorte:* Was hast du dir denn da wieder für eine Sorte aufhängen lassen.

Lambert überlegt sogleich was Höfliches, es fällt ihm nichts ein, Eva ist als Hausfrau gekränkt.

EVA *patzig:* Ich sag's ja immer wieder: Wir sind in Spanien.

HERMANN *schmatzt den Kaffee:* Was für Mistbohnen hast du dir da wieder andrehen lassen.

LAMBERT: Er ist doch nicht so schlecht . . .

EVA: Andere Länder, andere Sitten. Wir sind in Spanien.

Paul, angesprochen von Jugendlichen. Geht mit. Landhaus, Erster Stock. Zimmer eines der Kinder. Paul und die andern sitzen ganz zivilisiert und ziemlich eng zusammen, teils auf dem Boden, teils auf Bettcouch und Stuhl. Einer am Boden bedient den Plattenspieler. Sie hören »Paint it black«. Paul fühlt sich wohl, zum erstenmal sieht er glücklich aus. Er spürt, daß er hierin paßt, er ist den andern sympathisch, außerdem liebt er die Mu-

sik. Schnitt: Paul blendet die Vögel in der Volière. *Die reale Szene bei den Fans wandelt sich in eine Traumszene, Wunschvorstellung Pauls: die Fans umringen ihn, kränzen ihn, stecken ihm Orden ans Hemd.*

MÄDCHEN I *unnatürlich gedehnt sprechend, sanft:* Du bist super.
  Seufzt, fällt vor ihm nieder.

Paul bückt sich nach ihr, huldvoll hebt er sie auf, dabei hat er plötzlich ihre Brust in der Hand. Das zweite Mädchen streichelt ihn.

La Olla. Helene und Sofia stehen in der offenen Tür eines Schweinestalls. Großäugige Ferkel schuffeln im Stroh. Das Mutterschwein und die Ferkel sehen stilisiert aus, wie auf einem mittelalterlichen Gemälde.

SOFIA: Sie sind sehr sauber, sogar das große Schwein ist sehr
  sauber. Hat Paul noch immer Angst vor Hunden?

Sie treten wieder ins Freie. Helene geht einfach raus, Sofia, wie ihre Mutter, bleibt ihr trotzdem auf den Fersen. Helene gibt sich keine Mühe, ihre Feindseligkeit zu verbergen, sie haßt das Kind, das in allem so viel erfolgreicher ist als Paul, der so viel sympathischer ist.

SOFIA: Hat er noch immer Angst vor Hunden?
HELENE: Wir haben beide Angst vor Hunden, Paul und ich.
SOFIA *leiernd:* Ich habe überhaupt keine Angst vor Hunden.
HELENE: Du hast eben keine Phantasie.

Sie gehen durchs Campo. Sie erreichen das Süßwasserbecken. Sofia zieht das Kleid aus, hat darunter den Badeanzug an. Ihr Ausdruck beim Absprung vom Bassinrand ist verbissen, ihr Schwimmen sieht unfroh aus, sie dreht sich nach Helene um.

SOFIA *schreit, japst:* Siehst du, ich hab auch im Wasser gar keine Angst. *Sie schwimmt und schwimmt.* Ich hab nie Angst.

Helene, die mühsam lächelnd zusah, kehrt jetzt abrupt um und geht rasch weg. Als hätte sie einen Entschluß gefaßt.

Balkon: das Kaffeetrinken.

EVA *zu Helene:* Sag mal, läßt er etwa auch immer noch Spielzeugautochen über die Balkonbrüstung fahren, dein Paulchen? *Sie lacht in Richtung der Männer, geht kurz ins Haus.*
HELENE *zu Lambert lachend-ernsthaft:* Das versprech ich dir: die Sofia werd ich ertränken. Ganz bestimmt. *Lacht.* Das schenke ich Paul zum Geburtstag. *Geht.*

Balkon in La Olla. Eva und Lambert allein.

EVA: Es zeigt sich also, daß man es durchaus kann. Sich per Annonce kennenlernen.
LAMBERT: O ja.
EVA: Vielleicht vernünftiger als so was wie Liebesheirat etcetera . . .
LAMBERT *verwirrt:* Nun ja . . .
EVA: Obwohl, ich muß sagen, bei Hermann und mir war's die pure Liebesheirat. *Sieht dazu verbiestert aus.*
LAMBERT *höflich:* Wie schön. *Setzt die Brille ab, putzt sie.*

EVA *nach einer Weile, trocken, unglaubwürdig:* Ja – schön.

Die Badezimmertür schlägt zu. Die beiden blicken in die Richtung. Helene im Bademantel, mit vorgehaltenem Frottiertuch.

HELENE *ruft:* Ich schwimme ein bißchen. Mit Sofia. *Geht.*

Lambert und Eva blicken noch in die Richtung, wo Helene nicht mehr zu sehen ist, dann will Eva zurück zu ihrer Unterhaltung. Sie schnickt den Kopf und meint Helene.

EVA: Sie hat die Erholung dringend nötig.
LAMBERT *der es nicht so genau weiß:* Ja . . .
EVA: Sie ist solch ein Nervenbündel. Aber nicht erst seit gestern. *Beugt sich zu Lambert.* Wissen Sie . . .

Evas Gesicht dicht und nachdrücklich vor Lambert, der nur aus Höflichkeit ihre Zudringlichkeit erträgt. Er möchte weg. Er sieht auf dem Balkonboden einen dicken, schwärzlichen Käfer, der auf ihn zu krabbelt. Lamberts Schuh weicht etwas zurück. Der Käfer kommt.

EVA: Diese dreizehn, nein vierzehn Jahre als ledige Mutter – ich finde, daran können selbst stärkere Naturen zugrunde gehen, finden Sie nicht?

Lambert starrt auf den Käfer, Eva redet auch so weiter.

EVA: Dabei hat sie ein wundervolles Zuhause. Der Vater ist ein reizender alter Herr und die Tante so tüchtig . . . *Seufzt.* Aber das wissen Sie inzwischen ja selber – *lacht* – ich red mal wieder zu viel. *Kreischt ärgerlich auf, springt auf.*
LAMBERT *verstört:* Ein Käfer.

Lambert, in einer Art von plötzlicher Panik und unerwartet haßerfüllt, zertrat den Käfer, halb aus dem Sessel aufgestanden. Jetzt hebt er, von Eva gezerrt, das gekrümmte Bein hoch, den Schuh: darunter der zermatschte Käfer.

EVA: Um Gottes willen, die sind doch dermaßen harmlos. Wir haben sie massenhaft hier, in ganz Torres. Warten Sie ab, oben auf dem Berg werden sich jetzt ganze Sippen für diesen Mord von Ihnen rächen. *Lacht, faßt sich, setzt sich, jetzt macht der Vorfall ihr Spaß.* Töten Sie denn Tiere? Ich bring das nicht fertig.

LAMBERT *will sich verteidigen*: Insekten mag ich wirklich nicht, besonders Käfer . . .

EVA: Ich meine, ich tue durchaus was gegen – *betont* – Ungeziefer, aber mit einem Spray oder so, ich meine, ich vernichte sie mehr im Großen und mit einem Nebel . . . *Geste. Evas Geplapper geht ins nächste Bild über.*

Am Bassin. Sofia schwimmt und schwimmt. Helene entschließt sich erst jetzt, ins Wasser zu gehen. Es ekelt sie. Fischzüge durchqueren rasch und gelassen das trübe Wasser, Fischkot kräuselt sich zu kleinen, dunklen Inseln zusammen. Helenes Fußzehen schließen unfroh Bekanntschaft.

SOFIA *ruft*: Das ist alles nur Fischkot. Komm rein!

HELENE: Ich werd dich ertränken, paß auf.

SOFIA *schwimmt und prustet:* Warum kommst du nicht! Komm! *Sie spritzt Wasser.*

Helene geht ins Wasser. Sie schwimmt. Es gefällt ihr sogar, damit hat sie nicht gerechnet. Sofia beobachtet sie. Helene kann schon nicht mehr, lachend und erschöpft ruht sie sich an der gegenüberliegenden Brüstung aus. Sofia nimmt Notiz davon.

SOFIA: Kannst du denn schon nicht mehr?

Helene schwimmt also weiter, es macht ihr aber keinen Spaß mehr. Sofia schwimmt neben ihr. Unverabredet entsteht zwischen ihnen ein Wettkampf. Sofia überholt Helene. Früher am Ziel, lacht sie Helene aus. Sie empfängt sie mit Spritzern. Nichts davon ist böse gemeint, aber es wirkt so auf Helene. Sie greift brutal nach Sofia, kriegt sie an den Schultern zu fassen, mit einer

Hand, mit der andern hält sie sich am Bassinrand fest. Sofia ist erstaunt, wird ruhig, spürt den Ernst. Helene tut ihr weh.

SOFIA *verwundert und schmerzverzerrt:* Au! Du tust mir weh!
HELENE *böse, spöttisch:* Ist das wahr? Aber du hast doch keine
    Angst, du doch nicht!

Sofia fängt jetzt an, sich zu wehren, sie stößt nach Helene, die kann sie untertauchen, und sie tut es, läßt dann plötzlich los. Sofia ist befreit und schwimmt weg. Stumm klettert sie an der gegenüberliegenden Bassinwand heraus, kauert sich hin, sie ist verändert, beleidigt und traurig und erschrocken. Helene selber geht auch aus dem Wasser.
Helene im Campo, sie ist aufgeregt, das, was geschehen ist, entsetzt sie nun, sie läßt sich auf die Knie fallen, schlägt die Hände vors Gesicht, sie ist erschöpft, sie duckt sich wie vor Schlägen.
Am Bassin Sofia, sie spielt mit ihren Zehen. Fischrudel ziehen durchs nun ruhige Wasser, sie scheinen irgendwo hin zu wollen, ihren Weg zu kennen, sie kehren zurück, unverrichteter Dinge.

Balkon. Hermann zeigt Lambert und Eva Bilder. Einsilbigkeit. Lambert tut einen Schritt in Richtung auf ein Bild, deutet, geht den Schritt zurück.

LAMBERT *vorsichtig, aber froh, daß er etwas sagen kann:* Hat es
    nicht etwas Maritimes, hm?
EVA *freudig entgegengesetzt:* O nein! O Lambert, nein! *Lacht.*
    Falsch geraten, wirklich.
HERMANN *bitter, ichbezogen:* Mir kommt es bei dem hier sowie-
    so nur auf die Farbigkeit an.
EVA: Aber du mußt noch mal drangehen, Hermann. Glaub mir
    das.
HERMANN *wiegt zweifelnd den Kopf.*

EVA: Der Mittelpunkt fehlt nämlich.
HERMANN: Genau geirrt. *Zeigt, was er dafür hält.* Mittelpunkt ist vorhanden. *Seine seemäßige blanke Hand wuschelt in der rechten unteren Bildecke herum.* Aber hier – andere Stelle – hier passiert mir noch nicht genug. *Seine kurzen Finger wölben sich über dem Befund.*

Sofia kommt, noch in gedrückter Stimmung. Sie schleicht sich zu ihrer Mutter. Die packt sie liebevoll-indifferent am Schopf. Lambert hofft, durch Sofia, auf Ablenkung. Hermann aber schiebt ihm ein anderes Bild zu.

HERMANN: Das ist mir besonders wichtig.
LAMBERT *nickt höflich, bückt sich, liest den Titel:* Gestein drei.
EVA: Er hat eine Serie von denen gemacht. »Gestein vier« ist mein Lieblingsbild.
HERMANN: Schon wieder Quatsch: Gestein zwo.
EVA: Das glaub ich nicht. Zeig mal her. *Sie beugt sich zu Sofia.* Genug geschwommen für heut? *Sofia reagiert nicht.* Und wo ist Tante Helene? Schwimmt sie noch?

Auch Lambert hört und sieht zu. Hermann sucht das Bild. Sofia schüttelt den Kopf. Darüber empört sich unvermittelt Hermann.

HERMANN *brüllt sie an:* Kannst du nicht reden? He? Gib deiner Mutter ordentlich Antwort. *Und schon ist ihm das wieder egal.*
EVA *zu Lambert:* Sie ist müde.
SOFIA *brav, monoton:* Sie schwimmt nicht mehr.

Lambert will sich aufmachen, atmet auf, von den Bildern will er weg. Hermann aber hält ihn zurück.

HERMANN: Halt halt. Wir sind noch nicht fertig. *Er schiebt an den Leinwänden, sie wirken als Barrikade, verstellen den Balkon.*

Sofia auf Evas Schoß. Nachdem Eva oft genug ihren kritischen Abstand zur Tochter dokumentiert hat, gibt nun ihr gewissenhafter Mund sich nuschelnd tuschelnd pappend Ausschweifungen an Sofias linkem Ohr hin, ihre grauen Augen bleiben dabei vernünftig, spähen zu den Bildern hin. Lambert macht ein weiches Großvatergesicht in Richtung auf die Mutter-Tochter-Idylle und paßt dann gehorsam wieder auf, Evas Blick wies ihn darauf hin.

Helene und Lambert allein in dem provisorischen Luftmatratzenschlafzimmer in La Olla. Es ist Lamberts Zimmer, so hat Helene es entschieden. Sie ist eingetreten. Er war im Begriff, ins Bett zu gehen. Sie im Bademantel.

HELENE: Ich will ja nur, daß du das verstehst. Es tut mir wirklich leid, aber – ich meine, wenn wir erst für uns sind, in dem Haus, können wir das ja ändern, wir können ein Schlafzimmer benutzen.

LAMBERT *gibt sich einen Ruck, nähert sich Helene, Arm um ihre Schulter:* Andererseits – wenn du jetzt schon mal da bist. *Noch intensiver, mutiger mit der Zärtlichkeit.* Ich finde es so lieb, daß du gekommen bist . . . *Er zieht sie näher an sich.*

Es kommt zu einer Art Umarmung, aber sie geben auf, Helene löst sich von Lambert.

HELENE: Wirklich, ich finde, hier geht das nicht. Man hat dauernd den Eindruck, daß sie einen belauern, daß sie nur drauf warten . . .

LAMBERT *enttäuscht-erleichtert:* Worauf denn? Was spielt das denn für eine Rolle?

HELENE: Darauf, daß wir es nun auch endlich absolvieren, das endlich auch noch . . .

LAMBERT: Ich glaube nicht, daß es an – *deutet* – hier liegt. *Ungewohnt streng.* Das ist eine Ausrede.

HELENE: Du meinst, es liegt an mir. *Weil sie weiß, daß er recht hat, und weil sie gereizt ist über alles, wird sie härter und schärfer als sonst.* Also gut. Kann sein. Egal wo, Bettgeschichten mit mir müssen einfach scheitern. Wir hatten das ja schon. In Nîmes, in Callafell . . .

LAMBERT: »Scheitern« und »Bettgeschichten«, große Worte und schlüpfrige Worte, was für eine Sprache . . .

HELENE: Ich kann nicht pausenlos gewählt sein und höflich. *Es tut ihr leid.* Entschuldige. Es ist wirklich meine Schuld. *Will ihn rumkriegen, überzeugen, will sexuell ihre Ruhe von ihm.* Es stimmt schon, ich lege auf diese Bettsparte wirklich nicht so großen Wert. Auf dieses Unterleibs-I-Tüpfelchen . . .

LAMBERT: Es ist schon mehr als das. Es spielt schon eine gewisse Rolle. Ich meine: für mich eigentlich allerdings auch nicht . . .

HELENE *die von Lambert hiermit ganz sanft und arglos evozierte Gemeinsamkeit reizt sie sehr.* Ach, das ist doch bei mir alles völlig anders. *Pathetisch.* Ich habe doch eine Liebesgeschichte hinter mir! *Verzweifelt und deshalb ein bißchen infantil.* Warum kapiert das nur überhaupt keiner!

LAMBERT *sanft, bei ihr, gehemmt:* Aber ich doch, ich verstehe das ja.

HELENE *schon tut er ihr wieder leid:* Diese Sache kann dich ja jetzt nicht mehr kränken, das wollte ich damit nicht . . .

LAMBERT: Ich weiß, ich weiß.

HELENE: Nein, das kannst du nicht wissen. Es war eine Liebe. Ich habe ja nicht ahnen können, daß sie jetzt noch stört, nach so vielen Jahren. Wenigstens – *Geste auf die Bettszenerie* – bei dem hier.

LAMBERT: Das wäre sehr unnatürlich – wenigstens auf die Dauer. Das wird nicht so bleiben.

HELENE: Ich frage mich wahrhaftig, warum wir uns so damit rumquälen. Wo es für dich auch nicht diese gigantische Rolle spielt . . .

LAMBERT: Wir sollten vielleicht alles sich selbst überlassen. Nicht dauernd denken, wir müssen jetzt noch diesen Schritt weiter – vielleicht ist es das.

HELENE: Etwas, das auch noch abgehakt werden muß. Auch bloß ein Programmpunkt.

Beide sind jetzt sehr erleichtert, einerseits. Andererseits macht ihnen die Zukunftsvorstellung zu schaffen, daß der Programmpunkt bleibt und daß sie doch in den Mechanismen von Versagen/Erfolg weiterdenken müssen.

Die beiden in einer Außen-Szenerie allein. Gehen spazieren zum Beispiel. Oder sitzen am Strand.

HELENE: Man darf sich einfach nicht von diesen sexuellen Routineabläufen abhängig machen. Es ist idiotisch.

LAMBERT: Andererseits ist es natürlich schön, wenn zwischen einem Mann und einer Frau auch das stattfindet . . .

HELENE: Na ja. Eine Zeitlang vielleicht. Solang da noch irgendwas wie Neugier vorkommt. Aber wenn das erst ein Vorgang wird wie zusammen Essen, was Anschaffen, Spazierengehen, Einkaufen, Verdauen . . . Heiraten ist für mich nicht so eine Allround-Versorgungssache. *Sie lächelt Lambert zu, sie lächelt über sich selber, hat ihn gern.*

Eva taucht auf und stört sie.

EVA: Na, ihr zwei? *Der anfangs freundlich-herablassende Ton hört in purer entsetzter Neugier auf.* Sag mal, Helene, ist das wahr, hast du diesen Streuner eingeladen, bei euch zu wohnen?

HELENE: Eingeladen nicht, aber er hat mich gefragt . . . uns . . .

EVA *zu Lambert:* Sie haben das gewußt?

LAMBERT: Für ein paar Tage. Das ist nur eine Zwischenlösung.

EVA: Der wäre mir nicht geheuer. Hermann übrigens hat auch den Kopf geschüttelt. Na, ich seh mal nach Sofia. Dein Paul ist übrigens auf und davon, allein.

HELENE: Das weiß ich.

LAMBERT *der weggehenden Eva nachblickend:* Ist sie neidisch?

HELENE *argwöhnisch, Lambert sticht sich sozusagen ins eigene Fleisch:* Worauf denn?

71

LAMBERT: Die reden doch ständig davon, was der da für ein Ur-Viech ist, für ein Prototyp Mann . . .

HELENE: Dieser alte blöde kitschige Traum.

LAMBERT: Was meinst du?

HELENE: Alle Frauen laufen auf der Welt rum mit so einer vergeblichen feierlichen Orgasmushoffnung. *Lacht.* Alle glauben an irgendwelche männliche Fabelwesen, die sehr schwer aufzutreiben sind und durch die man eine ganz ungeheuerliche Fleischeslust erleben kann, könnte – und deswegen machen sie ihren realen Männern beleidigte Gesichter. Ihre zweifelhafte Sehnsucht denunziert die Wirklichkeit. Es ist albern.

LAMBERT *halb scherzend, unsicher:* Du kennst dich aber aus . . .

HELENE: Zusammenleben, zum Beispiel in einer Ehe – das müßte doch sein, daß einer den andern lebensfähig macht. Lebensfähiger.

LAMBERT: Ja, ich glaube, das ist es.

HELENE *seine Zustimmung macht sie ungeduldig:* Ich kann nichts für normal und gegeben halten. Ich meine, daß ich in allen diesen Momenten, in dieser Außenwelt und jetzt und so weiter, doch immer wieder gerade noch nicht wahnsinnig werde . . . Nicht mit einem endgültigen abschließenden Wahnsinn darauf reagiere, plötzlich.

LAMBERT *sie gehen:* Es geht einem ja auch meistens gesundheitlich nicht gut. Ich ärgere mich zum Beispiel über – also über einen Schüler, kein gutes Beispiel, aber – ich bin nachtragend, beziehungsweise mein Körper ist es. Seelisch bin ich längst über irgendwas weg, aber physisch hinke ich hinterher.

Die enge, staubige Straße auf der Spitze des Berges von Torres, Dorfmittag, Leere, Hitze. Blick eine Treppenstraße hinunter: längs der Mauern auf der schmalen Schattenseite schleichen Lambert und Helene, hintereinander, treppauf, beladen mit Einkaufstaschen. In weitem Abstand Paul. Sie kommen oben an, erreichen ihre Scheunentür, treten ein: alles stumm, erledigt. Sie gehen die Treppe hinauf. Im großen Zimmer mit dem Kachelboden merken sie eine Veränderung: zwei Koffer, anderes Zeug, Decken etc. stehen herum, Unordnung. Helene taut auf, es erfreut sie. Lambert wischt sich die Stirn. Paul wartet ab, beobachtet aus seiner Distanz.

HELENE *verblüfft und animiert:* Ah, unser Exote! *Lacht und stipst mit der Sandalenspitze gegen sein Gepäck.* Was er alles mit sich schleppt. Er muß noch mal weggefahren sein.

Lambert behält seine erschöpfte ungute Stimmung. Er trägt die Taschen und Netze aus dem Zimmer, auf der hinteren Hausseite führt die Steintreppe wieder ins Parterre. Dort liegt die dunkle, unheimliche bäurische Küche. Lambert prüft, ehe er eintritt, den Fliesenboden, er argwöhnt Käfer. Ängstlich wagt er sich hinein. Helene folgt. Paul bleibt oben bei dem fremden Gepäck. Tritt mit der Fußspitze gegen Sachen.

LAMBERT: Er wird doch hier nicht essen!
HELENE *lacht:* Wie ungastlich. *Sie hilft, die Einkäufe auszupacken und aufzuheben, sie ist besser gelaunt denn je.* Wir essen zu viert! *Lacht.* Wir laden ihn heut mal ein!

Sie hantieren schweigend. Lambert steht bald nur noch so da. Helene dreht sich nach ihm um, sie putzt Gemüsezeug für Salat.

LAMBERT: Wenn sich das einbürgert . . .
HELENE: Ruh dich oben aus, du.
LAMBERT *bockig:* Ich ziehe es vor, bei dir zu bleiben.
HELENE *vergnügt:* Und bei den Käfern? *Lacht.*
LAMBERT: Es sind heute keine da.
HELENE: Dem Exoten zu Ehren wird doch einer da sein. *Sie prüft zum Spaß und übertreibend den Boden.* Putz mal lieber deine Brille. *Deutet, spielt, schreit!* Da! Ihhh!

Aber es war nichts da, es sollte ein Scherz sein, sie merken beide, daß er mißlang. Helene arbeitet weiter. Lambert ist weiter schlecht gelaunt. Er steht in Türnähe, Helene mit dem Rücken zu ihm am Spülbecken. Sie schweigen.

LAMBERT *süffisant, aber das steht und gelingt ihm nicht:* Das ist ja sehr interessant, wirklich.

HELENE *trotzig und etwas ängstlich:* Was ist interessant?

LAMBERT *spürt, wie seine Stimmung ihn entstellt:* Deine Veränderung.

HELENE *wie vorher:* Meine Veränderung? *Ihr noch immer von Lambert abgewandtes Gesicht, von der Arbeit weggehoben, wird wachsam, vorsichtig.*

LAMBERT: Seit du dieses Gepäck im Zimmer gesehen hast, bist du . . .

HELENE *hat genug von ihrer Reserve, sie dreht sich abrupt um: dies »wie sie ist«, wie sie sich verändert hat durch des Exoten Ankunft, spürbar für Lambert, interessiert sie jetzt geradezu unangemessen, sie staunt selber:* Wie bin ich? Wie? *Sie ist aufgeregt, aber weniger zornig als neugierig und froh.*

LAMBERT *spürt diese Reaktion und fürchtet sie.*

Lambert hat genug davon, er wendet sich zum Gehen. Helene läuft die paar Schritte zu ihm, sie will wissen, was er nun nicht mehr zur Sprache bringen will.

HELENE *aufgerichtet dicht vor ihm:* Wie bin ich?

LAMBERT *verwirrt, ungehalten:* Verändert. Das sagte ich schon. *Will weg, es ist ihm peinlich, er greift an die Brille.*

HELENE *insistiert:* Und was meinst du damit? *Sie ist obenauf, sie merkt seine Verlegenheit und den Rückzieher.* Wie verändert? *Will nett sein.* Weißt du was: vielleicht inspiriert er uns. Uns beide. Du weißt, was ich meine. Dazu . . .

Nach einer Weile verliert sie ihren Elan, es entstehen Leere und Steifheit zwischen ihnen, Helene läßt Lambert gehen. Sie hat ihre merkwürdige kleine Erregung verloren. Verzagt überm Gemüse.

Oben: Lambert putzt die Brille, sein Ausdruck: Betroffenheit. Paul tritt aus dem Hintergrund heraus. Als Lambert das Brillen-

*tuch hinfällt, hebt Paul – erste derartige Geste – es für ihn auf.
Moment der Solidarität zwischen ihnen.*

*Das große Zimmer, Lambert, Helene, Exote, Paul am Ende
einer ausgedehnten Mahlzeit, erschöpft, satt, ruhig. Helene ist
heiterer als sonst. Der Mann paßt nicht zu ihnen. Sieht ganz gut
aus, er hat keine Schwierigkeiten mit irgendwas auf der Welt.
Lehnt sich bequem zurück und streckt die Beine lang weg, das
Weinglas in Reichweite, rauchend. Helene schaukelt im Schaukelstuhl. Dann ergreift sie eine der Schüsseln auf dem Tisch,
streckt sich vor zu dem Gast, hält sie ihm unter die Nase.*

HELENE *exaltiert, nicht wie bei einem normalen Anbieten:* Ich
wäre Ihnen zu heißem Dank verpflichtet, wenn's all würde.

*Lambert mag das gar nicht. Er sieht nur halb hin. Er ist in Sorge.
Exote spielt mit, macht eine höfliche Verbeugung zu Helene.
Paul reicht unerwartet die Schüssel, die er dem Exoten wegreißt,
Lambert. Es entsteht eine Pause der Ungewißheit.*

EXOTE: Aha, der junge Mann mag mich nicht. *Zu Helene pathe-
tisch.* Me muero por compata de duraznos.
HELENE *lacht:* Ui je! Das ist ja phantastisch! *Zu Lambert.*
Hätten wir nur auch Spanisch gelernt. *Exaltiert.* Bitte noch
einmal den Satz von vorhin!
EXOTE: Was für einen Satz?
HELENE *langsam, schwärmerisch:* Den schönen spanischen
Satz.
EXOTE *pathetisch:* Me muero por compota de duraznos.
HELENE: Prima. Und was heißt das?
EXOTE *theatralisch:* Ich sterbe für Pfirsichkompott.

*Die beiden lachen wieder, Helene unangemessen. Sie wirkt ver-
jüngt.*

HELENE *spielt wie der Exote:* Das ist aber kein Pfirsichkompott, Señor.
EXOTE *trocken:* Ich weiß. Und ich sterbe auch nicht dafür.

Lambert steht ungehalten auf, sie beachten es aber gar nicht. Von der Balkontür aus hört er ihre albernen Stimmen. Paul steht auch auf. In der Nähe Lamberts, stumm.

HELENE: Also dann – Birnen, statt dessen. Erzählen Sie uns was. Wie Sie leben.
EXOTE: Ich lebe so, wie Sie nicht mal träumen.

Sie lachen, Helene mehr als der Mann. Lambert dreht sich um für seinen einen Satz.

LAMBERT *heftig:* Woher wissen Sie das!

Helene sieht für einen Moment erschrocken aus, aber sie will auf Lamberts Mißstimmung nicht eingehen.

EXOTE: Das ist nicht schwer. Das kann ich sehen.

Lambert tritt auf den Balkon, hört sie aber auch hier noch.

HELENE: Leider. Wir leben leider so.
EXOTE: Sie bedauern das gar nicht sehr. Nicht genug.
HELENE: Oh! Wieso?
EXOTE: Sie könnten es anders haben, wenn Sie wollten. *Mimik Richtung Lambert.* Nicht so.

Helene, zwischen aufgedrehter Stimmung und Scheu wegen Lambert und Paul. Scheu auch vor dem, was ihr durch den Mann womöglich zustößt, nimmt Geschirr, steht auf, geht in die Küche. Exote bleibt allein behaglich am Tisch, der nicht ganz abgeräumt ist.
Küche: Exote erscheint mit ein paar Tellern in der linken Hand, rechts die vier Messer, die sie benutzt haben. Helene, die ein wenig erschrickt, weil sie ihn nicht hörte, sieht die vier Messer

*zum Spaß auf sich gerichtet. Sie setzen ihre Albernheiten fort, die
nicht unernst sind.*

EXOTE: Necesito un piso ameublado.
HELENE: Wie bitte?
EXOTE: Ich brauche eine möblierte Wohnung.

Helene lacht, wendet sich weg, will sich zu schaffen machen.

EXOTE: Und eine schöne neue Frau dazu. Eine scheue Frau . . .

*Lachen. Helene geht voraus, zeigt Dusche und WC, ihre Verhal-
tensmischung (aus Verwirrung, Scheu, Überschwang, Albernheit) deutet darauf hin, daß sie sich zu sehr engagiert. Der Exote
weiß es, berechnet es, will es. Es amüsiert ihn. Er macht ein
unvermutet feierliches Gesicht, als wäre ihm etwas plötzlich sehr
ernst, als könne er nicht länger albern sein; er faßt Helene, die
wieder zurück und an ihm vorbei wollte in die Küche, an beiden
Ellenbogen und zwingt sie, seine Feierlichkeit wahrzunehmen und
richtig – das heißt: falsch – zu interpretieren. Helene sagt das sehr
zu, aber sie fürchtet sich, macht sich los, geht rasch rauf. Oben: sie
sieht Lambert an der Balkontür, nun im Schaukelstuhl, Blick
hinaus. Paul an der Brüstung. Lambert bietet einen friedlich
verdrossenen Anblick, er wirkt alt in Helenes jetzt verschärfter
Perspektive, sie kehrt um. Unten an der Küchentreppe hat der
Exote das alles erwartet, und seine Umarmung nimmt sie in Empfang. Paul entdeckt sie. Er knallt die Tür zu. Helene erschrickt sehr.*

*Trottoir der Hauptstraße, abends. Bar Algar, außen Tische.
Lambert, Helene, Exote zusammen (eng) mit Hermann, Eva,
Sofia. Lambert fiel gerade die Jacke von den Schultern, wo sie
lose hing, Sofia und er bücken sich gleichzeitig, die Köpfe stoßen
aneinander. Es hat Lambert weher getan als Sofia. Etwas Gelächter. Eva besinnt sich des Anlasses zu erziehen. Paul in einem
Abstand hinter allen.*

Eva *zu Sofia:* Du mußt dich entschuldigen.
Lambert *erschrocken:* Aber im Gegenteil. Sie hat mir doch helfen wollen.
Eva: Sie ist ungeschickt.

Paul rempelt Sofia an, wendet sich dann gleichgültig ab.
Helene hat währenddessen weich den Exoten angesehen, der aber beobachtet Lambert. Er wendet sich ihr jetzt mit nachsichtig süffisantem Lächeln zu, das Lambert meint. Das stört Helene. Sie wird dadurch schroffer, als sie will, zu Lambert.

Helene: Zieh doch die Jacke an, dann kann sie nicht hinfallen. *Ironisch und mehr zum Exoten.* Aber bitte nicht den Kragen übers Revers.

Lachen der Gruppe auf Kosten Lamberts.

Das große Schachbrettkachelbodenzimmer. Nacht. Helene und Lambert, beide für die Nacht gekleidet. Darüber leichte Mäntel. Im großen Zimmer ist eine Couch zum Bett gerichtet, nebenan das richtige Bett. Die beiden haben Streit und versuchen, gedämpft zu reden. Irgendwo im Haus muß der Exote sein.

Helene: Ich bin halt so. Ich bin halt so verschroben, daß ich was habe gegen Kragen überm Revers, Halbärmel bei Männern – ich bin halt so.
Lambert: Ich fand es nicht fair. Es war einfach nicht fair.
Helene: Dann bin ich eben nicht fair.
Lambert: Du könntest vielleicht versuchen, es zu sein.

Sie drehen sich um, sie haben gemerkt, daß der Exote im Zimmer ist, Kerze in der Hand, Herr der Situation. Er lächelt zuvorkommend. Die beiden versuchen, von sich abzulenken. Lambert macht sich an dem für ihn gerichteten Lager zu schaffen.

EXOTE: Es tut mir leid, daß ich störe, aber es gibt keinen andern Weg. *Deutet nach oben mit einer Kopfbewegung, da hat er sein Lager. Will sich zum Gehen wenden.*

HELENE *will plötzlich nicht, daß er geht:* Das Haus ist verbaut. Wir haben uns – *spöttisch, deutlich* – einfach nur gestritten.

EXOTE *neugierig, erfreut, hineingezogen zu werden, amüsiert:* Ahh! *Kurze Pause.* Nach einem Streit ist die Luft klarer, oder?

HELENE *zu Lambert; da der Exote sie aufmuntert, kann sie wieder nett sein:* Was meinst du?

LAMBERT *steif:* Ich bin anderer Meinung.

EXOTE *gespielt redlich zu Lambert:* Streit wirkt auch nur dann reinigend, wenn man ihn abschließen konnte. In diesem Fall trat ich – vorzeitig . . .

LAMBERT *rasch, lebhaft:* Ganz und gar nicht. Abschließen können wir ihn sicher nie . . . *Setzt sich, wieder matt, aufs Bett.*

HELENE *zum Exoten, verlegen lachend:* Er ist ein Pessimist!

EXOTE: Und worum ging es?

LAMBERT: Um Fairneß.

HELENE *rasch, eifrig:* Ich sagte, ich bin's halt nicht – fair.

LAMBERT: Und ich meinte, du könntest einige Anstrengungen unternehmen.

EXOTE *vergnügt, rasch:* Aber warum denn? Warum soll sie sich ändern? *Lacht und wendet sich Helene zu.* Ich mag Leute mit – *betont veralbernd* – Fehlern.

Lambert sitzt auf seinem unvollkommenen Nachtlager, er setzt die Brille ab, aber nicht um die Gläser zu putzen; ohne sie sieht er verletzbarer aus, besonders auch im Schlafanzug, über dem der offene, leichte Regenmantel auseinanderfällt. Der Exote prüft und kennt die Lage. Für den Augenblick hat er die Lust verloren, hier weiter mitzuspielen. Rettet sich in ein Gähnen, er zündet die Kerze an, salutiert, verbeugt sich, übertreibt die Abschiedsgeste.

EXOTE: Mit Fehlern, wie Ihr Sohn. Er hat mein Gepäck durcheinandergebracht. Das finde ich gut. *Geht, steigt leise pfeifend die vom großen Zimmer nach oben führende Treppe hinauf. Oben betritt der Exote seine einfache Kammer, in der*

*er allein ist und sich wohlfühlt. Er kriecht in einen Schlafsack,
bläst die Kerze aus.*

Unten: Lambert sitzt immer noch so da, Helene will gehen.

LAMBERT: Warte noch. *Etwas vergnügter.* Paul kann ihn nicht
ausstehen.

HELENE *findet keinen Rest mehr in sich von der guten Exoten-
stimmung:* Wen kann Paul ausstehen.

LAMBERT: Zu mir ist er ... Warum vertragen wir uns nicht
mehr?

HELENE *dies »nicht mehr« reizt sie plötzlich, sie fährt auf, gela-
den mit der Unsicherheit der letzten Tage:* Wieso? Wieso nicht
mehr?

LAMBERT *betroffen, er starrt sie an, kann nichts sagen.*

*Die Felsbucht. Hermann und Sofia im Wasser. Eva sitzt häkelnd
abseits im Schatten. Lambert und Helene und Paul. Ohne Interesse sehen sie aufs Wasser, den Schwimmern zu. Sofia kommt zu
ihnen aus dem Wasser. Zwischen ihren nun folgenden Sätzen
ziemlich lange Pausen. Sie sind träge, müde, sie schwitzen, sind
nervös.*

SOFIA *zu Lambert, mit Helene spricht sie nicht mehr:* Mein Vater
schwimmt sehr gut, findest du nicht?

LAMBERT: Das stimmt.

PAUL geht.

HELENE *zu Sofia:* Geh ins Wasser, schwimm ihm nach.

SOFIA: Ich soll nicht aus der Bucht rausschwimmen.

LAMBERT: Das ist vernünftig.

HELENE: Keine Spur. *Sie beugt sich, an Lambert vorbei, zu
Sofia, die von ihr wegsieht.* Schämst du dich nicht? *Lacht.*
Hast du Angst vor dem tiefen Wasser? *Lacht.*

Eva legt ihre Handarbeit weg, sie steht auf, streckt sich, gähnt, legt die Hand über die Augen, sieht nach den andern. Paul wirft einen Stein. Helene sieht in die Wurfrichtung: der Exote geht vorbei.

SOFIA *pedantisch, mürrisch:* Ich soll nicht raus aus der Bucht.

LAMBERT *freundlich:* Dann schwimm uns in der Bucht was vor, hast du Lust?

SOFIA *entschließt sich nur träge dazu:* Siehst du mir zu?

LAMBERT: Selbstverständlich.

HELENE *ruft der ins Wasser springenden Sofia nach:* Das hätte ich nicht von dir gedacht, nicht ins tiefe Wasser! Tztztz! *Danach ist sie bedrückt, sie legt sich auf den Bauch.*

LAMBERT *nach längerem Schweigen:* Du hast also festgestellt, daß wir uns nie vertragen haben, oder nicht?

HELENE *setzt sich wieder auf:* Oder nicht?

EVA: Was macht Paul denn da. Er wirft weiter Steine. Sieh dir das an, Helene!

LAMBERT *zum erstenmal süffisant, Herr der Lage:* So sind Kinder . . .

Sofia schwimmt. Eva späht jetzt nicht mehr herüber, sondern geht ebenfalls ins Wasser. Paul entfernt sich.

HELENE *vorsichtig:* Es hängt ja auch noch von Paul ab. Ihr habt euch nicht gut kennengelernt bisher, ich weiß nicht . . .

LAMBERT: Davon hängt es nicht ab. *Nachsichtig-streng.* Sei nicht unehrlich gegen dich selber. Außerdem, seit dein Exote da ist . . .

HELENE: Mein Exote!

LAMBERT: Hast du nicht gemerkt: er kann ihn nicht leiden. Ihn nicht.

HELENE *gereizt:* Und was hat das mit uns zu tun?

Dorfstraße, deren Ende, sie führt in die Campos. Lambert und Helene gehen spazieren. Gegen Abend und immer noch zu heiß.

LAMBERT: Paul sympathisiert mit mir. Ich habe Kinder gern.
HELENE *leiernd:* Er ist nicht wie die andern Kinder.
LAMBERT *nach einigem Schweigen, er hat als Reaktion zunächst nur gelacht, sie am Arm fassen wollen, sie wollte es nicht:* Das sagen alle Mütter.

Sie gehen nebeneinander her. Sie haben Schwierigkeiten mit ihrem Zusammensein. Es gelingt ihnen nicht, sich besser kennenzulernen. Helene hat plötzlich die Idee, Lambert mit ihrem Grashalm zu kitzeln. Sie findet es komisch, er gar nicht. Der Versuch mißlang. Helene ist so bedrückt wie Lambert, aber sie haben verschiedene Gründe.

HELENE: Spanien war vielleicht doch keine so gute Idee.
LAMBERT: Um das noch mal aufzugreifen: alle Mütter finden ihre Kinder anders ... oder besonders ... *Bleibt stehen, plötzlich ernst, wie vor einem gravierenden Umstand in einem Krankheitsbild.* Du aber sagst es nicht aus Stolz.
HELENE *erregt, verletzt:* O doch.

Lambert hat Helene am Oberarm festgehalten, sie macht sich los und geht rasch weiter. Lambert läßt sie einige Schritte davon gehen, er sieht ihr ratlos nach.

Das Zimmer der Fans im Landhaus. Einige hören stumm zu, zum Beispiel Paul, ernsthaft, konzentriert. Andere tauschen Pop-Star-Fotos aus, andere bewegen sich solistisch, ekstatisch, ernst im Rhythmus. Es ist kein Sammelgenuß, kein Kontakt, nichts Gesellschaftliches.

*Im Dorf. Lambert reiht sich an die Schlange spanischer Frauen
vor einer Wasserzapfstelle. Wie die Frauen trägt Lambert zwei
Amphoren. (Geräusche, Stimmen, Gelächter etc.) Er ist der
einzige Mann. Er steht ziemlich weit hinten. (Gitarre, ungeschickte Töne, spanisch.) Die Musik gefällt ihm. Sein Ausdruck
ist entspannter als sonst. Eine Neue, die sich anstellt, macht sich
mit einer freundlich gemeinten Frage an ihn heran, die andern
werden auf ihn aufmerksam, er kann kein Spanisch, sie sind nett
zu ihm, wollen ihn vorlassen, das will er nicht, sie lachen und
reden, er ist verwirrt, eine Frau ist schön, sie schiebt ihn nach
vorn, die Schöne schüchtert ihn mit ihrer Devotion ein, sie hilft
ihm mit den Amphoren, füllt sie für ihn, sie trägt sie ihm zum
Auto . . .*

*Restaurant-Balkon am Strand. Nachmittag. Lambert geht so-
eben ab, ins Restaurant hinein. Am Tisch zurück bleiben Helene,
Paul und der Exote, sonst ist es leer auf dem Balkon. Helene
möchte, daß Paul auch geht. Paul weiß es und bleibt deshalb.*

HELENE: Geh doch schon vor. Wir kommen auch gleich. Sagen
Sie es ihm.

EXOTE *zärtlich-indifferent, greift ihre Hand, die zurückhuschen
will und es aufgibt; zu Paul:* Na, laß uns Alte mal eine Minute
allein, hm?

HELENE *vergeblich wartend darauf, daß Paul geht:* Für mich ist
es ein Problem.

EXOTE *läßt etwas Zeit verstreichen, er meint es inzwischen ernst
mit Helene:* Was denn?

HELENE *bringt nicht fertig, es zu sagen, hilft sich mit hilfloser
Handbewegung:* Alles. *Lächelt mit Anstrengung.*

*Sie sitzen so da. Zwischen ihnen die Sätze, die sie nicht sagen
können, weil Paul die Situation überwacht.
Lambert kommt zurück. Er blinzelt in die Sonne. Man sieht ihm*

an: die Hitze und das ganze Spanien, die gesamte Reise – alles geht ihm auf die Nerven. Zu viert sitzen sie nun so da. Keiner fühlt sich in seiner Lage wohl. Daß auch der Exote neuerdings bei diesem Unbehagen mitmacht, fällt auch den beiden andern auf, Lambert ist es recht, Helene macht es nervös. Der Exote ist nicht der Typ, der eine Passion verstecken kann und will.

EXOTE: Ich habe Lust zu tanzen.

HELENE *aufgescheucht, hoffnungsvoll, doch abwehrend:* Tanzen! Aber wo kann man jetzt tanzen . . . *Sie sieht sich um, als könne sie einen geeigneten Ort entdecken, sieht Lambert und seinen Unmut.* Am hellen Tag, Unsinn. *In ihrer Verwirrung nimmt sie ihr schon leeres Glas und hebt es nochmals an den Mund.*

Das große spanische Zimmer. Gerade wird Helene damit fertig, Lamberts Lager herzurichten. Sie sagen sich gute Nacht, die Kamera zeigt es aus gewisser Entfernung, so daß sie puppenhaft und merkwürdig zeremoniell wirken. Sie geben sich die Hand. Auf einmal versucht Lambert, Helene an sich zu ziehen. Er tut es ungeschickt, und sie widerstrebt, so gut es ihr die Höflichkeit erlaubt. So erreicht er ihre Schläfengegend mit vorsichtigen Lippen. Daß er mehr will, weil er meint, er müsse einfach mehr wollen und endlich haben, merkt Helene, darum entzieht sie sich nun entschiedener. Zum zweitenmal, schon Schritte voneinander getrennt, sagen sie sich gute Nacht. Helene geht die beiden Stufen hinauf in ihr nur durch einen Vorhang vom großen Raum abgetrenntes Zimmer, das reguläre Schlafzimmer des Hauses mit dem Doppelbett, das Helene mit Paul bewohnt. Paul zieht mit seinen Schlafsachen aus dem Bett ins Wohnzimmer um.

HELENE: Warum machst du das, Paul?

Später.

HELENE *steht auf, leise zu Paul:* Schläfst du schon?
PAUL *richtet sich im Dunkeln auf:* Nein.
HELENE: Du redest ja!
PAUL *schweigt.*
HELENE: Was soll ich denn machen? – Also nicht. Gute Nacht.
  Sie legt sich wieder ins Bett. Liegt mit offenen Augen.

*In der Gastkammer. Helene und der Exote. Seine gepackten
Sachen, seine Unordnung, eine andere Welt. Er reißt Helene an
sich, und sie will es. Er ist vertieft in sich. Ein Typ, der sich völlig
hingibt, sich nicht verstellt, nicht zuverlässig ist, aber wahrhaftig
jeweils.*

HELENE: Das ist doch Unsinn. Ich glaub doch nicht dran.
EXOTE: Es ist eine Passion. Und es ist jetzt. *Er nimmt ihr wieder
  die Argumente mit einer Umarmung.*
HELENE: Ich kann ihn nicht so entsetzlich kränken. Das geht
  nicht.
EXOTE: Doch. *Küßt sie.* Du merkst es doch selber, den Unter-
  schied. Das bist nur einmal du, das ist nur einmal dein Leben.
HELENE *betrachtet den gemeinsamen Abschiedszettel:* ZIGEU-
  NER DARF MAN NICHT HALTEN. DIE LIEBE AUCH
  NICHT. ALLES GUTE. *In Helenes Schrift darunter.* VER-
  ZEIHUNG, BITTE! HELENE.
EXOTE *nach der Umarmung:* Du siehst, wie selbstverständlich
  das zwischen uns ist. Wir brauchen nicht zu diskutieren –
  über Leidenschaft . . .

*Die beiden schleichen sich aus dem Haus. Unterwegs für Helene
der letzte Käfer, der letzte Ekel in diesem Haus, die letzte Erinnerung an Lambert für eine Zeitlang. – Draußen. Das alte Auto des
Exoten.*

HELENE: Ich habe immer gedacht, ich könnte nie irgendwas machen, das ganz ohne meinen Sohn ist . . . oder gegen ihn . . .

EXOTE: Das hättest du aber beinah gemacht. Mit so einer Verbindung. Aufs Ganze gesehen, auf die Dauer – komm! *Zieht sie an sich.* Das mit uns wird deinem Sohn am Ende lieber sein.

HELENE *durch den Mann und seine emphatische Überzeugungskraft unzurechnungsfähig gemacht:* Eine Radikalkur . . .

EXOTE: Du bist so erschöpft. So ausgelaugt. Jetzt endlich laß mal andere für dich entscheiden. Laß sie mal sehen, wie sie ohne dich auskommen . . . *Sein Mangel an Logik stört Helene nicht.*

Der Bambus-Balkon in La Olla bei Eva und Hermann. Lambert sitzt irritiert da. Hermann ruhig-verdrossen, Eva betont rechtschaffen und im Genuß der schrecklichen Lage, Sofia neugierig. Für den geplagten Lambert wirkt nur Paul selbstverständlich. Paul hält sich nah bei ihm. Das wirkt solidarisch.

EVA *forsch:* Finden Sie sich damit ab, das ist das einzige, wozu man raten kann. Machen Sie sich noch ein paar ruhige Tage hier bei uns. *Tätschelt ihn.* Wir lassen Sie nicht da oben bei all den Käfern, nicht wahr? Und den kleinen Stummen auch nicht.

HERMANN: Eines schönen Morgens steht sie vor der Tür und erzählt, sie hat nur einen Ausflug gemacht.

SOFIA *mit ihrer braven Schulmädchenstimme:* Vielleicht zu den Höhlenbewohnern, Papa!

EVA *scharf:* Das glaube ich allerdings weniger.

HERMANN *gleichgültig, zuckt die Achseln:* Dann eben nicht.

EVA: Und es wäre auch nicht sehr schön von ihr, meiner unmaßgeblichen Meinung nach. *Schroff und übergangslos zu Sofia.* Was stehst du hier rum! Geh mit Paul in den Garten.

Sofia entfernt sich auf Sicht- und Hörweite, sie paßt genau auf und wird von den Erwachsenen sofort wieder vergessen. Paul rührt sich nicht.

LAMBERT *feierlich und unglücklich:* Wenn sie ihn so gern hat, werde ich ihr nicht im Wege stehen.

EVA: Ach wo. Die passen überhaupt nicht zueinander.

Es entsteht eine kleine Pause. Eva steht auf, rüstig, munter.

EVA: Packen Sie erst mal Ihre Koffer und siedeln Sie um.

LAMBERT: Sie hat ja kaum was mitgenommen.

HERMANN: Und er?

LAMBERT: Er hat alles mitgenommen. *Sitzt hilflos da.*

EVA *grapscht was vom Tisch, es ist der Zettel vom Exoten:* Das hat doch er geschrieben, ich geh nicht davon ab. Sie hat nur ihren Namen geschrieben und *–höhnisch–* Verzeihung! *Eifrig, zu Lambert gebückt, mit Zeigefinger deutend.* Was ich finde, ist, sie hätte selber etwas zurücklassen müssen. *Richtet sich wieder auf, blickt zu Hermann, unsicher feierlich.* Einen Abschiedsbrief . . . *Verwirrt und trotzig zu Hermann.* Doch, das hätte sich so gehört. Findest du nicht?

HERMANN *steht auf, er mag das Gerede nicht:* Wir helfen Ihnen beim Packen.

LAMBERT *steht auch auf:* Das ist zu liebenswürdig.

EVA *wieder sicher:* Das ist eine Selbstverständlichkeit. Ihr Zeug lassen wir aber oben, Helenes Zeug.

LAMBERT *erschrocken:* Aber . . .

EVA: O doch. Das soll sie sich selber holen. *Zu Sofia.* Komm mit, steh nicht rum. Du kannst dich nützlich machen.

SOFIA *laut, leiernd:* Mich hat sie ertränken wollen, im Bassin.

HERMANN *lacht träge und ohne Vergnügen:* Das wäre dir recht geschehen.

Unten, vor dem Haus. Alle in Richtung Lamberts Auto. Paul hinterher. Eva will Lambert etwas sagen, er muß ihretwegen seine Schritte verzögern. Die Situation ist für ihn bis zum Äußersten irritierend, trotzdem gelingt es ihm, gefaßt und höflich zu bleiben. Bei Evas ersten Worten ist Paul in Lamberts Nähe gekommen.

EVA: Es ist sonst nicht Sofias Art, sie hat keinen Sonnenstich, verstehen Sie mich. Sie ist keins der Kinder mit Phantasie, mit Hirngespinsten – sie ist nüchtern. Sie würde so Sachen nicht erfinden, wie das mit dem Ertränken. Verstehen Sie mich.

LAMBERT *Eva stört ihn:* Ungefähr.

EVA: Es muß was dran sein, Helene muß sie irgendwie erschreckt haben. Und nicht zu knapp. Sie hat vor nichts Angst, Sofia mein ich, normalerweise, schon gar nicht vorm Wasser. Also ich weiß nicht . . .

LAMBERT: Mich bewegt die Frage, ob sie diesen Mann gern hat . . .

PAUL *so laut und präzise wie nie vorher:* Quatsch! Überhaupt nicht!

EVA *verärgert, auch weil ihr nicht entgeht, daß Lambert froh überrascht auf Paul sieht:* Was verstehst du davon!

SOFIA *laut mitten hinein, Paul umtanzend, in die Hände klatschend:* Ha! Du hast ja geredet! Du hast ja was gesagt! Ätsch!

In Torres, im Haus, es wird gepackt, Eva hilft, Lambert und Paul haben einen Augenblick für sich allein beim Gepäck.

PAUL *es fällt ihm schwer, er tut gleichgültig:* Sie hat den nicht gern, den Typ da, meine Mutter. *Als Lambert zärtlich und erfreut darauf reagieren will, wird es Paul schon wieder zuviel, er geht aus dem Zimmer.*

Ein Rückreise-Schauplatz. Hotelterrasse. Abendessenstisch. Lambert, Helene, Paul. Bezahlen beim Kellner. Sie sind fertig. Paul steht auf, geht. Lambert sieht ihm mit der neuen Zärtlichkeit nach.

LAMBERT: Jetzt läßt er uns bei jeder Gelegenheit allein – wie diskret er geworden ist. Auf der Hinreise . . .

HELENE: Auf der Hinreise war alles ziemlich anders.

LAMBERT *unglücklich:* Ja: Ganz anders. Es gibt eben auch mißglückte Inszenierungen.

HELENE: Wie meinst du das?

LAMBERT: Die Idee der Spanienreise. Dieser Regie-Einfall. Dein Vater – du hast mir einmal erzählt, daß er alles längst festgelegt hat, während die Leute die ganze Zeit mit der Vorstellung herumlaufen, sie könnten selber über irgendwas entscheiden . . . Das hätte dann dieses eine Mal wenigstens nicht funktioniert.

HELENE: Das wird ihm auch gar nicht passen. Er wird verärgert sein.

LAMBERT *fast sanft:* Aber es ist dein Leben, nicht seins. – Ich habe dir versprochen, daß ich nichts davon erzähle.

HELENE: Oh, ich selber, ich werd es ihm schon sagen. Er wird seinen üblichen Frieden stiften wollen. Ich werde es ihm in der richtigen häßlichen Sprache sagen, mit Wörtern wie »Weglaufen«, »Ausrücken« –

LAMBERT: Helene . . .

HELENE: Man tut einmal in seinem Leben etwas Furchtbares, aber Wahres . . .

LAMBERT: Das ist doch Kitsch. Hast du nicht selber mir von dem verlogenen Traum erzählt, mit dem die Frauen leben, mit dem sie die Wirklichkeit korrumpieren . . .

HELENE: Und dann soll es einen beschämen, es muß einem peinlich sein . . .

LAMBERT: Es ist auch peinlich, ich meine: auch für mich. *Diese ausgesprochene Peinlichkeit alarmiert beide.*

HELENE *nicht mehr aufsässig:* Was ich jederzeit zugeben würde, ist, daß es gemein war gegen dich. *Wieder rebellisch.* Aber sonst nichts. Die Methode war gemein. Und alles – *ironisch* – Peinliche können wir bitte weglassen.

LAMBERT *folgt Helene, die aufgestanden ist:* Ich bin kein Fürsprecher für mich, ich rede nicht zu mir zu . . . *Geht etwas aus seiner sanften Reserve.* Schließlich rutsche ich nicht vor dir auf den Knien herum. Ich möchte lediglich, daß wir wie

einigermaßen zivilisierte und erwachsene Menschen zurück-
kommen.

Unterwegs zum abendlichen Strand vor der Hotelterrasse.

LAMBERT: Ich dringe nicht in dich. Wozu auch. Was würde mir
das bringen. Ich habe allein gelebt. Ich habe etwas Entschei-
dendes an meinem Leben ändern wollen. Ich habe einen
Versuch unternommen – nein: gerade erst angefangen ...
Ich kann es mir noch immer leisten, in ein schweres und
lebenslängliches Unglück n i c h t zu geraten.

HELENE *Lamberts Selbstsicherheit und Überlegenheit verändert
ihre Haltung:* Das hört sich alles so an, als glaubtest du nicht,
daß wir es machen sollten.

LAMBERT: Was?

HELENE: Zusammenbleiben. Es noch etwas weiter versuchen.

LAMBERT: Ja. Ich glaube, nicht.

HELENE: Heiraten.

LAMBERT: Es würde sich sehr von dem unterscheiden, was ich
mir vorgestellt habe. Und wenn ich zusätzlich an dich denke
– nein, ich glaube, es sieht nicht günstig aus, nicht nach
Heiraten.

*Ziemlich unglücklich in dieser Übereinkunft bleiben beide ste-
hen, kehren dann um, Richtung Hotel.*
Vor den beiden Zimmertüren auf dem Gang.

LAMBERT: Man braucht das Alleinsein nicht unbedingt zu po-
tenzieren. Zu verdoppeln, die Furcht vor den Menschen, vor
der Brutalität des Zufalls ... Gute Nacht.

HELENE: Gute Nacht. Daß es mir leid tut, weißt du ja.

LAMBERT *hebt die Schultern, resignierend:* Ja, leid tun – ja, ich
halte das für ziemlich selbstverständlich.

HELENE: Ich weiß, es ist wenig, hört sich nach wenig an ... Daß
ich mich schuldig fühle, dir gegenüber – obwohl ...

LAMBERT: Es wird mir gut tun, wie in meinem bisherigen Leben
jemand zu sein, für den nicht ein einziger anderer Mensch

Schuldgefühle zu produzieren braucht. *Er war soeben fast überheblich.*

HELENE *verblüfft, etwas gekränkt:* Aha. Du hast es gut. Einzelgänger. Ich, ich bin ja weiter eine Tochter, Nichte, Mutter, dauernd blutsverwandt, zusammengehörig . . . verstehst du. Nur, daß ich so was hasse, ich meine, wie dieses Verhalten von mir, du mußt mir das bitte glauben, ich bin mein Leben lang wie geschaffen gewesen für ein Entsetzen vor Taktlosigkeit, vor dieser Gemeinheit . . .

LAMBERT: Laß es jetzt bitte gut sein. Gute Nacht.

Lambert geht in sein Zimmer, Helene blickt noch einen Moment lang auf die geschlossene Tür und geht dann in ihr Zimmer. Beide geschlossene Türen, nebeneinander, vom Gang aus.

Die Straße mit der Fechtheim-Villa. Die ruhige, altmodische, dämmrige Szenerie ergibt einen deutlichen Gegensatz zu den ganzen inneren und äußeren Spanien-Aufregungen. Die drei Reisenden im parkenden Auto. Sie steigen aus, es ist die übliche träge und doch nervöse Mühseligkeit der Auspackerei, die Unfröhlichkeit der Ankunft, das Kriechen der Oberkörper im Fond und das Grapschen nach Gepäckstücken, das Ausladen, Abstellen, die ermüdete Geschäftigkeit. Aus der Paul sich weitgehend heraushält. Als Helene ihm eine Tasche reichen will, tut er so, als bemerke er es nicht. Anders aber reagiert er bei Lambert. Ihm scheint er beistehen zu wollen, wenn auch ganz unauffällig. Er demonstriert es nicht, und es kommt doch zum Ausdruck: Seine Zuwendungen jeweils gelten dem Schwächeren.
Im Garteninnern hat Fechtheim zwischen Volière und Teetisch die Ankunft des Autos nun mitbekommen, denn die Wohngegend ist ruhig. Er richtet sich zu einer feiertäglichen Haltung auf. Ebenfalls, an einem der Fenster zur Straße, ist der Gemeindeschwester die offenbar längst erwartete Rückkehr nicht entgangen. Die schweigsam und nur knapp noch höflich enevierten

Drei, fast fertig mit dem Ausräumen des Gepäcks, das nun irritierend auf dem Trottoir herumsteht, müssen nun einen Entschluß fassen, über den offenbar schon geredet worden ist. Paul hält sich abseits.

LAMBERT: Wirklich, ich möchte mich doch lieber jetzt schnell verabschieden. Ich bin auch etwas erledigt, wirklich.

HELENE: Klar. Ich find's doch auch besser so. Also . . .

LAMBERT *mühsam, aber nicht verquält-leidend, einfach mehr erschöpft lächelnd:* Also . . .? *Er hält ihr die Hand hin.*

Sie erledigen die Händedrückerei, auch Paul gibt Lambert zum flüchtigen Verabschieden die Hand.

HELENE *man merkt ihr an, daß sie erleichtert ist, jetzt schnell weg will:* Und du meldest dich ja – *hastig* – ach nein, besser so, ich ruf mal an.

LAMBERT: Das ist besser. Ich kann ja nicht so gut einschätzen, wie du das da – *er macht eine Kopfbewegung zur Fechtheim-Villa hin* – hinkriegst . . . *Lächelt.*

HELENE *lächelt auch:* Jaja, allerdings . . . aber ich glaub schon . . .

LAMBERT: Und überstehst – wirklich, wenn ich dabei helfen soll . . .

HELENE: Mit einer gewissen Distanz von allem wird es . . .

Helene merkt verwundert, daß Paul, dem bewußt wurde: da rücken Großvater und Tante aus dem Haus auf die kleine Gruppe zu, ausgerechnet Lambert warnend anstößt, es ist nur ein kleines Klopfen gegen Lamberts Oberarm. Jetzt wissen alle drei Bescheid: sie sind zu langsam gewesen mit ihrem Entschluß, sich auf der Straße voneinander zu trennen. Lambert kommt hier nicht mehr so leicht weg, sie sitzen – stehend am Auto – in der Falle. Heiter vorsätzlich: so treten Fechtheim und Gemeindeschwester-Tante auf. Es hat etwas Einstudiertes. Theaterhaftes. Und schon auch vorweg Beschließendes. Ausgebreitete Empfangsarme, wie zum Spiel.

FECHTHEIM: Ja, da seid ihr ja endlich. Herzlichstes Willkommen!

Die Begrüßung findet statt. Nur Paul verhält sich nicht gewohnheitsmäßig: Normalerweise hätte er sich verdrückt, nun aber bleibt er in der Nähe Lamberts. Der ist wie üblich höflich, versucht, aus der unangenehmen Lage das Beste zu machen. Helenes Nervosität. Die Gemeindeschwester schlägt gutartig Lambert auf die Schulter.

GEMEINDESCHWESTER: Alles noch dran? Und gut erhalten? *Zu Helene:* Er sieht aber ganz gut aus.

HELENE: Warum auch nicht? *Laut zu allen.* So, dann – dann verabschieden wir uns halt noch mal. *Verlegen irritiert Lambert erneut die Hand hinhaltend.* Und ich melde mich bald.

FECHTHEIM *gespielt zürnend:* Na na na, was soll denn das nun sein, so rasch kommt er uns nicht weg.

GEMEINDESCHWESTER *hat sich nach einigen Gepäckstücken gebückt und ist im Begriff, was wegzuschleppen ins Haus:* Ich geh schon mal vor, aber steht hier nicht zu lange rum, drin ist alles zum festlichen Empfang gerichtet, ich verspreche nicht viel, wenn ich sage . . .

FECHTHEIM: Verrate nicht schon wieder alles.

HELENE: Was ist denn los? Was habt ihr denn vor . . .

LAMBERT: Das ist furchtbar nett, aber eigentlich . . .

FECHTHEIM: Also, kein Widerspruch, ins Haus, ins Haus! *Auch er nimmt etwas Gepäck vom Trottoir, er drückt Paul einen Koffer in die Hand. Paul stellt den Koffer wieder ab.* Hinein mit euch!

HELENE *Lamberts Unsicherheit, sein Schwanken zwischen Höflichkeit und dem gefaßten Entschluß, aufgreifend, ihm und sich selber aushelfend:* Vater, so geht's nicht, diesmal. Lambert möchte jetzt zu sich nach Haus fahren.

FECHTHEIM: Und genau das geht eben nicht. Ausnahmsweise kann er mal jetzt noch nicht, ich sage n o c h nicht, tun, was er möchte.

LAMBERT: Es war nur, diese Fahrt war ganz schön anstrengend, und wir fanden . . .

GEMEINDESCHWESTER *vom offenen Fenster aus:* Was steht ihr da herum! Kommt doch endlich rein.

PAUL *sehr unerwartet laut, schreit zurück zur Tante:* Er fährt weg! Er kommt nicht mit rein!

FECHTHEIM *merkt nun allmählich, daß da alles überhaupt nicht so stimmt, wie es geplant war; er lacht, aber es sieht diesmal gekünstelt aus:* Etwas frisch machen könnnen Sie sich auch bei uns, das ist doch selbstverständlich. Tun Sie meiner Schwester den Gefallen. *Kopfbewegung zum Haus hin.* Sie ist in solchen Sachen noch ein bißchen altmodisch. Also muß gefeiert werden. Es braucht nicht lang zu dauern, fürs erste . . .

HELENE: Es gibt aber nichts zu feiern, Vater.

FECHTHEIM *entschieden:* O doch, es gibt was zu feiern, und wir alten Leute haben so unsere festen Vorstellungen davon, wie es zugehen muß, wenn zwei Menschen sich entschlossen haben . . .

LAMBERT *ungeschickt, will eingreifen:* Wir haben uns dazu entschlossen. Ihre Tochter und ich, Helene, wir meinen . . .

HELENE: Sieh das ein, Vater.

FECHTHEIM: Laßt einen alten Mann hier nicht mit schweren Koffern rumstehen, ja?

Fechtheim geht voraus, die andern müssen ihm nun einfach folgen. Fechtheim hat die Situation wieder zu seiner gemacht, zumindest für den schwierigen Moment auf der Straße.
Nur Paul bleibt noch am Auto zurück. Er sieht den drei Erwachsenen nach. Die gehen aufs Haus zu. Die Gemeindeschwester schließt das Fenster. Sie erscheint in der Haustür. Sie hat wieder ausgebreitete Arme.

HELENE *auf dem kofferbeladenen Weg hinter Fechtheim und vor Lambert in Richtung Haus:* Wir haben uns zu unserer Selbständigkeit entschlossen.

FECHTHEIM: Das ist eine kluge Entscheidung. Selbständigkeit kann man in jeder Lebenssituation gebrauchen.

LAMBERT: Das ist richtig.

Beim Betreten der Schwelle lautes Klavierspiel der Gemeinde-
schwester: der Hochzeitsmarsch.

FECHTHEIM: Grund zum Feiern, das finde ich nun doch. *Er hat*
durchaus begriffen, daß es keinen gibt, aber man sieht ihm an:
das wird er ändern. Alles weitere findet sich.

LAMBERT *er muß jetzt der völlig irritierten, in eine Peinlichkeit*
hineingeratenen Helene – denn schließlich sind das i h r e Ver-
wandten, die sich hier so unmöglich benehmen – beistehen,
schon wirkt er selber fast gelöst, er wirkt erwachsen, nicht
mehr unterdrückt: Vielleicht hat er recht, hm?

HELENE *dankbar für Lamberts Solidarität:* Vielleicht . . . *Lacht.*
Immerhin, vielleicht kann man wenigstens erst mal ein bißchen drüber lachen . . .

Paul steht noch draußen. Er bückt sich nach einem Kiesel. Er
scheint den Kieselstein gegens Fenster werfen zu wollen. Er
macht die entsprechende ausholende Bewegung. Dann läßt er
den Arm wieder fallen. Er geht durch die Gartentür, ein paar
Schritte in den Vorgarten, er steht unter dem Fenster, sieht drin
die mit dem Klavierspiel heiter aufhörende Tante, sieht Kerzen-
beleuchtung, ein selbstgemaltes und verziertes Schild »Herzli-
chen Glückwunsch«, er beobachtet ungeschickte, aber jetzt ganz
heitere Umarmungen.
Er geht zurück ans Auto. Er probiert an den Türen herum. Die
Beifahrertür ist noch offen. Paul setzt sich ins Auto. Seinem
Gesichtsausdruck merkt man eine Art Entspannung, Erleichte-
rung an. Er schiebt sich bequem auf dem Sitz zurecht, macht die
Augen zu.

Erstsendung: 21. Januar 1975
Produktion des SFB für das Deutsche Fernsehen (ARD)

Kurerfolg

Zur Regie:
Die jeweils Sprechenden mit Angabe ihrer Rolle mitsprechen, ansagen, z. B. DER ARZT, DER KRANKE, EINE GUTE BEKANNTE *etc. Der Effekt soll Austauschbarkeit sein, Zitathaftes, Distanz. Man braucht nicht so viele Sprecher und Sprecherinnen, wie auftreten. Die Stimmen können beliebig da und dort eingesetzt werden, sollen nicht zu privat-persönlich sein. Eher zwischendurch den Charakter annehmen von Slogans. Das Ganze nach dem Collage-Prinzip.*

Musik: Anfang, instrumental, der Bach-Kantate »Ich habe genug« – bis zum Einsetzen des Textes.

DER KRANKE: Das WC wird einmal am Tag gereinigt, morgens. Die Patienten der Etage benutzen das WC viele Male am Tag, auch in der Nacht. Die Putzfrau ist sehr freundlich.

DER GESUNDE: Du hast es gut. Es geschieht das Gute für dich. Es geht dir gut und wird dir gut gehen. In deiner guten schlechten Lage gibt es nur dies Gute für dich.

PASCAL: Nie tut man so gut und vollständig das Böse, als wenn man es mit gutem Gewissen tut.

FORSCHUNG: Ratten ziehen es vor, für ihren Lebensunterhalt selbst zu sorgen. Ratten besitzen Willenskraft. Ratten wählen nicht den bequemsten Weg.

Musik: eine etwas spätere Stelle – mit Text »Ich habe genug«, wenige Sekunden.

PATIENT: Wissen Sie, was ein Pferdekuß ist? Es ist ein Griff oberhalb der Kniekehle, im Oberschenkel packt er zu, quetscht sich in Sehnen und Muskeln, es ist ein Griff, der nicht grob genug sein kann; Ergebnis: blaue Flecken als Mindestmaß, Hämatome, höheres Ziel Hautfetzen, Wunden. Der Vorarbeiter im Granitwerk hat es in der Anwendung des Pferdekusses mit den Patienten der Klinik für Psychiatrie und Neurologie ziemlich leicht. Die Patienten sind nämlich ziemlich geschwächt. Der Vorarbeiter ist nämlich, womit sein Holzbein gar nichts zu tun hat, ziemlich stark. Mit gutem Erfolg wendet er bei linkem und rechtem Nebenmann auf dem Sofa seiner heimlichen Wohnküchenkneipe einigermaßen ununterbrochen den Pferdekuß an.

DER KRANKE: Ich suche den Sinn des Lebens.

DER GESUNDE: Ich stelle den Sinn des Lebens her.

PSYCHIATRIE: Den Sinn des Lebens gibt es nicht.

PATIENT: Die Tage schließen wir gern mit Abenden beim Vorarbeiter ab. Er wird zwischen Pferdeküssen mit der Ziehharmonika gefühlvoll, er ist ein Junggeselle, er zeigt in seinen Schmalfilmen Heimatszenen, und zwischendrin zeigt er Posen halbnackter Mädchen, abfotografiert aus Magazinen, der Vorarbeiter verkauft das Bier billiger als die Kantine der Klinik, und die Patienten genießen Bier, Schmalfilme, Matrosenlieder und Pferdekuß, bis sie kurz vor Absperrung der Klinikgebäude, zweiundzwanzig Uhr, aufbrechen, beschikkert und zerbissen. Es hat dann allen wiedermal viel Spaß gemacht; in den Klinikbetten vergessen sie mittels der Oberschenkelschmerzen den Spaß erst, wenn das Medikament sie davon losschläfert. Aber am nächsten Morgen sind sie sofort wieder dran. Alles tut so schön weh.

Wissenschaft: Der Rhein wird daran beteiligt. Der Rhein wird dampfen. Der Rhein macht beim atomaren Fortschritt mit. Die Rheinfische, die im verseuchten Rhein überlebten, werden im dampfenden Rhein endlich aufgeben und endlich sterben.

Der Gesunde: Dein siebzehntes Abendessen in der Klinik, oder nicht? Du hast ja schon wieder einen Tisch für dich allein.

Die Oberschwester: Sie sollten nicht immer wieder gemäß gruppenfeindlicher Gesinnung einen Tisch für sich allein beanspruchen beziehungsweise erzwingen.

Der Gesunde: Du hast immerhin Wendener Vollbier getrunken. Hirnzellen benutzen Eiweiß-Moleküle als Notizzettel. Also bitte. Die Sprache der Hirnzellen ist noch unbekannt. Die Eiweiß-Notizen sind noch unlesbar. Du aber kannst dich verständlich machen. Was du sagst, können wir zumindest hören. Was du schreibst, können wir zumindest lesen. Sagen wir also besser: du könntest dich verständlich machen. Du müßtest nur wollen.

Die Notwendigkeit: Das Geschehen, das unbedingt eintreten muß, wenn bestimmte Bedingungen gegeben sind, oder geschehen muß, wenn etwas erfolgen soll.

Der Kranke: Alles säbelt und klirrt und gabelt, alle diese Psycho-Personen sind sehr hungrig. Und es ist der erwartete kalte Braten, es ist das Stück mit blödem Käse, es ist das ganze Zeug ohne Geschmack und die zum Geheul provozierende halbe Tomate mit aufgeschnipselter Gurkenscheibe. Es ist das Abendessen ohne Abend.

DIE NOTWENDIGKEIT: Es ist notwendig, logisch notwendig zu denken. Dieser logisch notwendige Gedanke kann nur so und nicht anders gedacht werden, wenn er nicht mit bestimmten Voraussetzungen in Widerspruch geraten soll. Als Notwendigkeit verhalte ich mich zur Möglichkeit wie das So-Sein zum Da-Sein.

DER GESUNDE: Es ist nicht notwendig, das Tonband laufen zu lassen.

Musik: Bach, Versus II, ein paar Takte.

DER KRANKE: Es ist möglich, das Tonband laufen zu lassen.

DER ARZT: Es empfiehlt sich nicht, das Tonband laufen zu lassen.

DER GESUNDE: Glaub's ihm, glaub's Giacomo Joyce: Schreib's auf, verdammt du . . . wozu taugst du sonst.

DER ARZT: Kein vernünftiger Mensch versäumt es, im Fichtelgebirge spazierenzugehen. Machen Sie es besser als dieser gewisse Patient, ein schmugglig angelegter Typ, sagen wir: als schmugglig konzipiert; wir kennen ihn aus der Ferne, wir kennen ihn gut, er scheut Arzt- und Klinikkosten und macht mit der Daseinsschmuggelei weiter. Er wird so oder so eines nahen Tages in die Gesetzmäßigkeit seines schmuggligen Lebenslaufs zurückkehren.

DIE GUTE BEKANNTE: Er wird nach einigen Zwischenlösungen, nachdem er sich ringsum ausdiskutiert und nicht von der Stelle halluziniert hat, ganz und gar begossen von Alkohol und Spermatozoen und Geheul ausgerechnet im schlüpfrigen Trost einer seiner aporetischen, früher mal geplanten Freundinnen unterkriechen.

DIE ANDERE GUTE BEKANNTE: Gemessen am Geschlechtsverkehr können ihm die gesamte Philosophie und das gesamte seraphische Geträume gestohlen bleiben.

KOLOSSER 2,18: Laßt euch niemand das Ziel verrücken.

Musik: Beat, eventuell Stones, von » Let it bleed«.

DER ARZT: Er hat materialisiert noch und noch. Nun verfügt er über genügend Materie, um sich zu quälen, nun besitzt er ein schönes, ausreichendes Material zum Leiden. Er verfügt über eine eifrige Eiweißproduktion im Hirn. Er kann sein Trauma durch die Kaldaunen wälzen.

EINE BESONDERS GUTE BEKANNTE: Er kann sein Hirn schlechter entladen als seine Testes, Testiculi, Orchis, die circa zweihundertfünfzig männlichen Läppchen da unten – *Pause mit etwas Gekicher* – durch Schichten von ansprechendem Bindegewebe getrennt, na ja, die jeweils ein bis vier Hodenkanälchen halt.

EINE ZIEMLICH GUTE BEKANNTE: Er weiß ja schon gar nicht mehr, ob er noch ein Mann ist oder schon nicht mehr. Er will das dringend mal wieder wissen.

EINE SEHR GUTE BEKANNTE: Aber genau. Aber per Empirie.

Musik: Versus II.

DER ARZT: Dieser Patient, den wir kennen, obschon er sich uns nicht stellt, kann die Öde nicht mit dem Denken bemogeln. Er wird lebenslänglich nicht kapieren, was das Glück mit dem Verzicht gemeinsam hat. Er wird es lebenslänglich nicht zur Selbstgenügsamkeit bringen. Ihm wird lebenslänglich die Freiheit von unrealisierbaren Wünschen und stupiden Trieben und egoistischen Begierden entgehen.

EINE INFORMIERTE BEKANNTE: Er sucht das häretische Heil unter feminisierten Bettdecken.

EINE KRANKENSCHWESTER: Anstatt bei uns in dieser schönen Klinik . . .

DER GESUNDE: Jetzt fang aber mal endlich an mit der Einwilligung in deine Regeneration.

EINE FRÜHERE FREUNDIN: Er kann den Körper nicht mit dem Kopf betrügen. Verdammt angewiesen auf Mutter Natur.

WISSENSCHAFT: Erinnerungen materialisieren sich.

DER KRANKE: Auf dem Schwarzen Brett sind Gebote Verbote. Nehme ich die Vergangenheit in die Gegenwart, so ergibt sich, he, Pascal, bäh! hör mal zu, so ergibt sich eine Art

Leben und somit Zukunft. Reingelegt, Pascal, du. Ich entbehre nichts außer dem, was ich entbehre.

PLINIUS: Der Mensch weiß aus sich selbst heraus nur eine Sache zu tun: zu weinen.

DER ASSISTENZARZT: Aber nur, sofern es sich um Patienten mit Widerstandsbewegungen handelt. Weinen Sie tüchtig den ganzen Unrat aus sich heraus.

BADEMEISTER: Betreiben Sie Ihre Körperwäsche mittels Tränen. Paßt exakt zu unseren Sauerstoffbädern. Sie werden schon sehen.

Musik: Schubert, » Winterreise«: » Gefror'ne Tränen«, die Stelle: » Soll denn kein Angedenken . . .« bis » Wenn meine Tränen schweigen, wer sagt mir dann von ihr« – daran anschließend Beat, ziemlich hart.

DER KRANKE: Alle trinken den stumpfsinnigen Tee. Alle haben sich zum Abendessen umgezogen. Alle für keinen.

DIE PFLEGERIN: In unserem Aufenthaltsraum finden Sie den durch die verantwortliche Schwester aufschließbaren Bücherschrank. Sie können leihweise unter einhundertundachtundvierzig Titeln wählen. Die Bücher sind geordnet. Ein Bücherverzeichnis sorgt dafür, daß es nicht zu Verlusten kommt. Sie finden die Kategorien »Zur Unterhaltung / Spannendes / Kriminalromane / Sachen zum Lachen / Aus fernen Ländern / Historische Romane / Tiergeschichten / Sonstiges«. Unter »Sonstiges« finden Sie die Autoren Paul Fechter, Abb-Ru-Shin, Löns, Eichendorff, Mulford und Stifter. Existentialistisch gesehen sind Sie vermutlich ein unauthentischer Mensch. Prima Voraussetzung.

AUSGABEN DES 22. 6.: 1 Bier: 0,80. 2 Telefonate: 1,–, 1,50. 2 Ansichtskarten: 0,60. 2 20er-Marken: 0,40. Wattebälle: 1,70. Spray: 3,75. 1 Telefonat: 3,–. 1 Bier: 0,80. Schreibwaren: siehe Quittung.

KURVERORDNUNGEN S. 2: Wichtig ist auch die richtige Ernährung während der Kur. Wo nötig, wird der Arzt Anweisungen im einzelnen geben. Grundsätzlich soll auch in der Ernährung das Naturgegebene richtungweisend sein. So soll man den ursprünglichen Zustand einer Nahrung nicht mehr verändern, als unbedingt nötig ist. Künstlich gefärbte und geschönte Nahrungsmittel lehne man ab!

NAHRUNGSMITTELCHEMIE: Nichtimportierte Obst- und Gemüsewaren weisen selten mehr als die gerade noch zulässige Menge an schädlichen Konservierungsgiftstoffen auf.

ORTSNAMEN KLINIKNÄHE: Falls, Schamlesberg, Wundenbach, Himmelkron, Neufang, Kupferberg, Mannsflur, Streitau, Gefrees, Wasserknoden, Friedmannsdorf, Sauerhof, Triebenreuth, Buch, Einöde, Neuensorg, Hermes . . .

DER KRANKE: Und einfach: See, aber es ist keiner da. Der Bach heißt Koser. Die Bank heißt Mutter-Emma-Bank. Ich habe den Bach Koser, ich habe die Bank Mutter Emma, ich habe Waldwege ausprobiert. Der Wald ist schön. Was schön ist, ist traurig. Der Wald ist unbenutzbar, die Telefonzelle im Ping-Pong-Raum ist unbenutzbar. Versus II ist unbenutzbar. Dem Schönen ist das Schreckliche immanent. Es ist schön, seinen Vater zu lieben. Es ist schrecklich, seinen Vater zu lieben. Denn es ist schön. Denn der Vater stirbt. Da, schau nur.

KURVERORDNUNGEN: Jeder Wasseranwendung muß Wohlbehagen folgen.

GRAMMATIK: Er sie es stirbt.

EIN BERATER DER ES GUT MEINT: Pflegen Sie einen regelmäßigen Umgang mit der Traurigkeit. Üben Sie.

DER KRANKE: Ein Bach ist ein Geräusch und existiert nur durch Ohren. Ein Anblick wäre nicht vorhanden ohne Augen. Was existiert denn ohne Wahrnehmung? Was ist denn mit dem Bach, wenn ihn keiner sieht? Das Böse ist nur deswegen da, damit es das Gute gibt. Was ist denn mit dem Bösen, wenn es das Gute nicht gibt? Was ist denn mit dem Guten, wenn es das Böse nicht gibt? Was gibt es denn überhaupt, wenn es für sich allein ist und daher vielleicht überhaupt nicht ist. *Anderer Sprechton.* Stimmt aber: schon hilft mir sogar die Traurigkeit und sogar erst recht.

DAS EXISTENZIALURTEIL: A ist (nämlich: da, seiend, existent). A ist P (zum Beispiel A ist grün).

DER ARZT: Empfiehlt nicht Ihr guter Freund Jesaja, als habe er den basedowäugigen Pfarrer S. Kneipp animiert, unter anderm: »Wascht euch, reinigt euch, laßt ab vom Bösen.« Na? Und äußert nicht irgendein pietistischer Herr Hänisch: »Gib mir die Freiheit von aller Begierde und Lust.« Hören Sie gut zu, es wird auch noch um den »Geist der Zucht« gebeten. Aber Sie wissen natürlich nicht, was das ist, sofern Sie es nicht ahnen, dann aber ablehnen. Die langweiligste Ernährung ist die beste. Genüsse sind das schlechteste. Bald werden uns die pharmazeutischen Gedächtniselixiere zur Verfügung stehen. Ziel: zum Guten oder Bösen ein bestimmtes Verhalten auszulösen.

PATIENTIN: Es ist nett von der Anstaltsleitung, daß sie per Sprechanlage die todmüden Patienten mit einem frohen Morgenlied aus dem Drogenschlaf holt: sechs Uhr dreißig.

Musik: mit zum Beispiel »Wachet auf . . .« – in spillerigen Frauenstimmen, extra munter – Anklänge von Versus II mischen.

DER KRANKE: Plötzlich aber, wer hat denn dem Verfasser der Kurverordnungen das erlaubt, werde ich mit »Du« angeredet. Unter dem Titel »Besonders beachten« mischt er sich in meine Privatangelegenheiten: »Vergiß niemals, weshalb du nach hier gekommen bist.« »Nach hier . . .«: überprüf das mal in deiner Grammatik, Duzfreund, der mich wissen läßt: »Durch Gespräche über Krankheiten verwirrt man sich und andere und beeinträchtigt den Kurerfolg. Es gibt so viele andere erfreuliche Gesprächsthemen.« Es gibt außerdem die normale, durchaus scheußliche, durchaus nützliche Heilkrise, es gibt den Kurkummer, das heulende Elend, den nervous break down, und es gibt die Ausflüge mit der belebenden und gesundheitsfördernden Wirkung, und es gibt das schöne, an Vitalstoffen reiche, mit Schädlingsbekämpfungsgiften angesättigte Obst. Zugreifen. Jasagen. Neinsagen. In Zweifeln sucht man vertrauensvoll Rat beim Arzt. Er ist nicht jederzeit für dich zu sprechen. Er ist nach Plan – siehe Schwarzes Brett – für dich zu sprechen. Leiste dir keine vom Plan abweichenden Schwierigkeiten. Er wendet die effektivere, auch zeitsparendere Methode der Gesprächstherapie an. Er geht ausschließlich auf dein aktuelles Problem ein, er geht es mittels Verharmlosung an. Er schnüffelt dir nicht wie Sigmund Freud bis in die Kinderwindeln nach.

EIN BERICHT: Aber ich auch, ich auch, sagte die Sechsundfünfzigjährige zu der Achtunddreißigjährigen, ich habe dich wirklich auch gern. Ich habe nicht alle seine Freundinnen gerngehabt. – Der Tod der Achtundvierzigjährigen konnte aufgeklärt werden, las die Achtzehnjährige vor, denn der Sechzigjährige hatte sich mit Hilfe des Siebenundzwanzigjährigen ... Sie liest das aus einer sozialdemokratischen Zeitung vor, unterbrach der Achtundfünfzigjährige die Achtzehnjährige, nämlich um die Achtunddreißigjährige positiv zu informieren. Der Siebenundzwanzigjährige fuhr einen VW Baujahr 65 und stand, nach Überredung der angetrunkenen Achtundvierzigjährigen, bei deren Hineinzerren in den fünfundsechziger VW dem Sechzigjährigen bei. Der Sechzigjährige versetzte sodann in einem Waldstück mittels Notzucht die Achtundvierzigjährige in einen Zustand, welcher zum Kollaps am Bordstein führte. Dieser mutmaßlich dreiviertelstündige Koitus muß es daher also in sich gehabt haben. Die Sechsundfünfzigjährige hingegen kann sich nicht einmal an Schluckbeschwerden, leichtes Herzversagen oder Atemnot erinnern, so gut sie sich auch erinnern kann an die zahlreichen, selten mehr als minutenlangen ehelich-biologischen Zusammenstöße mit dem Achtundfünfzigjährigen. Die Sechsundfünfzigjährige betrachtet die entkleidete Achtunddreißigjährige. Die Achtunddreißigjährige schafft es wahrhaftig, noch magerer zu sein als die Achtzehnjährige. Die achtzehnjährige Tochter der Sechsundfünfzigjährigen und des Achtundfünfzigjährigen zwängt sich in die Oberbekleidung Größe vierunddreißig, welche die Achtunddreißigjährige abgelegt hat. Das sind ja wohl Erbsen, das sind doch keine Brüste, wenn Brüste, dann eher die einer Elfjährigen, sagt die Sechsundfünfzigjährige, Konfektionsgröße achtundvierzig, Schuhgröße neununddreißig. Den Kollaps samt letalem Ausgang haben der Vierundvierzigjährige und seine dreiundvierzigjährige Ehefrau beobachtet, Schlafzimmerfenster. Die Sechsundfünfzigjäh-

rige wird sich demnächst im Allgäu ihre Korpulenz herunter-
finanzieren, ärztliche Betreuung.

VALÉRY: Was ist langweiliger als die Ilias?

GIDE: Das Rolandslied.

WISSENSCHAFT: Mit den kannibalischen Strudelwürmern hatte
es angefangen. Sie fraßen ein aus Artgenossen bereitetes
Hascheegericht und wußten sodann, was die verspeisten
Brüder und Schwestern zu Lebzeiten erlernt hatten. Per
artgenössischer Mahlzeit erfolgt die Erlebnis- und Erfah-
rungsweitergabe.

DER KRANKE: Ich bin vor dem schrecklichen fröhlichen Aufwa-
chen – *Musik: Andeuten der Weckmusik* – aufgewacht, nach
nicht unerheblicher Unlust und einer Nacht ohne alle Ab-
usus-Chancen, einödig unter dickem Plumeau. Das Plumeau
sieht aus wie mein Schlaf. Ich bin, das Taschentuch vorbeu-
gend über der Tränenpartie des Gesichts, schläfrig geworden.

PSALM: Der Herr behütet die Unmündigen; wenn ich schwach
bin, so hilft er mir.

Musik: Beat.

DER GESUNDE: Sammle keine Reserven gegen den verordneten
Stumpfsinn. An deinem Fenster vorbei ziehen schon die
Mitinhaftierten ganz gesprächig in Richtung Frühstück. Du
kämpfst ja erneut um einen Einzeltisch. Misch dich lieber in
das die affirmativen Gemeinplätzigkeiten diskutierende
Frühstücksgewimmel, streich deine Brote auf dem dickwan-
digen Geschirr, benutze dein Blechmesser, deine Blechkan-
ne. Schluck runter.

PAPST AN BISCHÖFE: Mut fassen.

DER KRANKE: Die Frau da drüben hat mir gestern einen Apfel
geschenkt. Sie hat in der letzten Nacht vom Glaubens-
bekenntnis geträumt, in der vorletzten Nacht auch. Sie
hat immer einen kleinen Unkrautstrauß in der Hand. Sie
lächelt immer. Sie zittert immer. Sie summt immer irgendwas.

DIE OBERSCHWESTER: Ihr Mittagessen wird in der Gruppe stattfinden. Fügen Sie sich in unsere anstaltsgeprägten Mechanismen. Hier gilt nicht, was Sie sich unter Therapie vorstellen. Genießen Sie Ihren altfränkischen Kaffee, die Marmelade in idiotischer Überdosis.

DER GESUNDE: Eines Tages wird die Umwelt erschöpft sein vom Projekt, eine erwachsene Person aus dir zu machen. Dies ist der zweite kostspielige Versuch mit dir. Mit diesem Wartezimmer kannst du zufrieden sein. Hier begegnet dir diesmal nicht auf Schritt und Tritt jeweils der gleiche Sebastian Kneipp, dem weder die gläubige Künstlerhand, überwiegend radierend, noch Goldrahmen und umrankendes Blattwerk das verdrießliche Gesicht wegstilisieren konnte; aber blättriges Zeug findest du selbstverständlich auch hier, wo sie wie überall sonst, wo die denkfaule Mutter Natur bejaht wird, der Topfpflanzensucht verfallen sind; du findest überall das grüne Gehänge und Gequelle pflanzlicher Art, aber auch die flora erecta, und Pflanzen verbrämen sogar listig den Gewässerkeller der Klinik, wo du in Becken, Trögen, Wannen und zwischen Schläuchen und auf angemoderten Holzrosten den Anweisungen Jesajas und des Bademeisters folgen wirst.

WISSENSCHAFT: Mit dem kannibalischen Mahl hatten die Strudelwürmer auch die Lichtfurcht der toten Strudelwürmer mitgefressen.

DER ARZT: Berufliche Sorgen nimmt man hierher auch nicht mit. Überhaupt keine Sorgen, beziehungsweise wir nehmen Sie Ihnen weg, wir reißen sie Ihnen Fetzen für Fetzen von Leib und Seele. Ein Briefträger trägt im Urlaub auch keine Post aus. Ein Arzt hat im Urlaub auch keine Sprechstunden. Sie können es jederzeit und immer wieder nachlesen, wie Sie sich fühlen sollen.

SCHWARZES BRETT: Fügen Sie sich in die Hausordnung ein.

DIE FREIHEIT: Die Möglichkeit, so zu handeln, wie man will.

WISSENSCHAFT: Schreckreaktionsmahlzeiten scheinen sogar schmackhaft zu sein.

DER KRANKE: Plastikausgeburten für Salz und Pfeffer. Miniaturpseudobierfäßchen für Zahnstocher. Miniatur-Zentauren mit Wägelchen: eine künstlerische Lösung zur Unterbringung von Zahnstochern oder Gewürzen. Am besten macht man so was aus Keramik und in den Farbschattierungen ocker, rötlich, gelblich. Es heitert auf.

EIN PATIENT: Der Vorarbeiter im Granitwerk legt abends, nach Austeilung vieler Pferdeküsse und wenn die Patienten gegangen sind, sein Holzbein auf ein Kissen mit eingesticktem »Ja ja die Liebe in Tirol« aus roter Wolle.

DIE FREIHEIT: Willensfreiheit. Der Wille ist seinem Wesen nach stets freier Wille.

Musik: Anfangsstellen aus »Ich habe genug«, mehrfach diese Zeile.

DER KRANKE: Heute morgen decke ich meinen Tisch nicht wie die andern ab. Mein Wille soll sich seinem Wesen nach verhalten. Ich will weitermachen damit, mich zu verhalten. Ich verhalte mich.

BAUDELAIRE: Ach, Herr, gebt mir die Kraft und den Mut, mein Herz und meinen Körper ohne Ekel zu betrachten!

SCHWARZES BRETT: Beurlaubungen über diese Zeit (22 Uhr) hinaus sind uns grundsätzlich untersagt (Die Leitung). Katholischer Gottesdienst samstags im Wartezimmer. In Kupferberg Beichtgelegenheit. Im Interesse aller ist es untersagt, nach 21 Uhr in den Patientenzimmern Geräusche zu verursachen. *Musik.* Die Patienten sind gehalten, kein Geschirr, Besteck und Flaschen mit auf die Zimmer zu nehmen.

DIE FREIHEIT: Das Problem der Freiheit hat sich im Verlauf der Philosophiegeschichte dadurch kompliziert, daß von vielen Denkern versucht wurde, aus dem Wesen der Freiheit auf die Pflicht des Menschen zu schließen, von seiner Freiheit keinen oder nur einen in bestimmter Weise eingeschränkten Gebrauch zu machen. (Weiter unter Ethik.)

EIN BERICHT: Der Achtundfünfzigjährige entdeckte, zurückkehrend vom WC, einiger Spasmen ledig, seine Frau, die Sechsundfünfzigjährige, mehr Platz versperrend als vor dem Gang zum WC, er, der Achtundfünfzigjährige, im Sofabettlager halb über, vorwiegend neben der Achtunddreißigjährigen. Sie ist mein Gast so gut wie deiner, äußerte die Sechsundfünfzigjährige, um den Sachverhalt zu erklären, womit es ihr keineswegs gelang, die Miene des Achtundfünfzigjährigen aufzuhellen, was auch nicht in ihrer zweiunddreißigjährigen Absicht ihm gegenüber lag. Der Achtundfünfzigjährige schluckte erneut circa zweijährige Dragées, gelb, eventuell der Wirksamkeit enthobene Spasmolytika, möglicherweise Tranquo-Buscopan, er entnahm sie einem ungewiß betagten und unbeschrifteten Gefäß, so daß er bezüglich des Medikaments nicht ganz sicher sein konnte. In Ermangelung seines vierundzwanzigjährigen Lagers und der Achtunddreißigjährigen steckte er seine beiden Hände in die ungefähr anderthalbjährigen Schuhe der Achtunddreißigjährigen, die bei der Sechsundfünfzigjährigen zu ergründen suchte, was denn los war mit der vom Achtundfünfzigjährigen gewohnheitsmäßig benutzten, wie eine Hosentasche, wie eine Parkuhr, wie ein Briefkasten, wie eine beliebige Öffnung in Dienst genommenen sechsundfünfzigjährigen Spalte der Sechsundfünfzigjährigen. Damit war es so ziemlich in Ordnung. Alles hatte ziemlich viel Platz. Alles funktionierte so ziemlich, schob sich aber nirgendwo vor und war abschüssig gelegen. – Die Achtundvierzigjährige kann über ihr Motiv, dem Siebenundzwanzigjährigen zum Sechzigjährigen in den VW Baujahr 65 zu folgen, nicht mehr befragt werden.

Die Angst: Die Angst ist ein unterdrückter Wunsch.

Geräusch: Hundegebell.

Der Gesunde: Mit einem bestimmten Löffel, der dich an was Besseres erinnert, mit Bierdeckeln, mit dem Kalender, auf dem du im voraus die Klinikzeit durchgestrichen hast, vor allem mit dem Plastikbeutel, darauf in bunter Schrift der Hinweis »Happy Days« dich an vermasselte Sommerferien gemahnt, hast du dein Anstaltszimmer brauchbar gemacht. Zahle nun auf der Verwaltung weitere DM zweihundert voraus. Auf der Verwaltung fragt der sudfarbene Koch den schreibwarenfarbenen Verwalter, ob er morgen Schnitzel machen soll, und der notiert zwischen deinen Daten und Auskünften Nahrungsmittelbestellungen. Der Bach Koser rauscht sowieso.

WISSENSCHAFT: Man muß das nur noch nutzbar machen: von einem zum andern Hirn sind Gedächtnisinhalte übertragbar.

WERTHER: Wenn wir uns selbst fehlen, fehlt uns doch alles.

EIN BERICHT: Die Sechsundfünfzigjährige, welche ihre Sofalagergenossin halb erdrückt hat, weswegen diese Achtunddreißigjährige vom Erfahrungsexperiment abläßt – sie will allerdings immer noch wissen, was annähernd der Achtundfünfzigjährige mit der Sechsundfünfzigjährigen hat, zwei Sexualphilisten –, läßt nun ihrerseits in die Badewanne, einundzwanzigjährig, wie die übrige volljährige Einrichtung der Wohnung also erwachsen, das Badewasser, und steckt zwei Sünder hinein, zwei durch Lebensalter hinlänglich Beschreibbare, zwei sonstwie besser nicht Erkannte, die sich im Badewasser erkennen, alle Lebensjahre alt, Vater, Sohn, Urahne, Enkel, Mutter, Großmutter, Tochter, Tote, zwei Lebende, zwei Sterbende, und Angst ist weiterhin weiter nichts als ein Wunsch, aber vor ihrem Wunsch haben sie zu wenig Angst.

Musik: Versus II, angedeutet.

KURVERORDNUNGEN S. 3: Vertrauen zum Arzt und seinen Helfern, zu allen Kurmaßnahmen und nicht zuletzt auf den eigenen Organismus sind für den Kurerfolg nötig.

GOETHE: Aller Anfang ist leicht, und die letzten Stufen werden am schwersten und am seltensten erstiegen.

DER ASSISTENZARZT: Na, und wie geht's uns denn heute?

GOETHE: Fürchterlich ist einer, der nichts zu verlieren hat.

DER ARZT: Schon bald werden auch Sie aufhören, an das generell richtige Denken zu glauben. Das eine richtige Denken stößt mit einem anderen richtigen Denken zusammen. Hier hört es auf mit dem individuell Richtigen. Hier beginnt der Kompromiß, sofern Sie klug sind. Machen Sie es noch leichter und beginnen Sie mit dem parasitären Denken. Beuten Sie Zuvorgedachtes bewußtlos aus, schlafen Sie ein im Über-

111

nommenen. Lassen Sie sich die vorgeprägten Muster liefern, die bequemen Schwarzweißaufnahmen. Sie werden Signale noch erkennen, aber Sie werden sie nicht neu und nicht privat erkennen. Auch hinter dem Privaten, das Sie sich wie eine Eigentumswohnung, wie ein Stück persönlichen Hausrats vorstellen, können Sie sich nicht mehr lang verschanzen. Und würden Sie in der gesamten Außenwelt nur eine einzige Person kennen, schon geriete Ihr Alibi, Ihr Privates in Gefahr. Denn die einzige andere Person, die nur nötig wäre, um dies Alibi zu erschüttern, besitzt ebenso gut und mit dem gleichen Recht ihr Privates. Schon werden Sie beide anfangen müssen mit dem Deprivatisieren. *Neutral, monoton, aufsagend.* In den Heilkräutern bietet uns die Natur wertvolle Helfer auf dem Wege zur Gesundheit, zum Requisitenkammer-Denken, zum Allgemeinverständlichen, zum Vorgefertigten, zum Konfektions-Denken, und Licht, Luft, Sonne, Wind, Regen und Trockenheit, Ruhe und körperliche Betätigung, die Nahrung, die Gesundheitstees machen beim Heilprozeß mit, sofern Sie aus den vielfältigen Angeboten von Mutter Natur eine natürliche Collage herstellen. *Die leiernde Sloganstimme weg.* Dem Denken, zu dem ich Ihnen rate, ist alles imprägniert, ihm liegt alles griffbereit am traditionellen Platz, es ist wohlgeschützt in seiner Erstarrung und Fixierung, es gelingen ihm die prompten Antworten, sofern es überhaupt noch befragt wird. Es übernimmt. Es ist historisch. Es ist ein nützliches Relikt. Es ist ein schönes, langweiliges, gut konserviertes Museumsstück. Besuchen Sie in den Zwischenräumen der Kuranwendungen das nette Heimatmuseum unweit.

FONTANE: Alle Genüsse sind schließlich Einbildung, und wer die beste Phantasie hat, hat den größten Genuß. Nur das Unwirkliche macht den Wert und ist eigentlich das einzig Reale.

Musik: Schubert, »Winterreise«, Anfang von »Fremd bin ich eingezogen . . .«, nur kurz, danach, kurz, Beat.

DER KRANKE: Hier heißen so viele Ladeninhaber Zweifel. Wenn man um fünf schon wach ist. Wenn man ins Schwarze sieht, wenn man ins Schwarze nicht trifft. Hier gibt es nicht einmal den Gnadensee. Hier kann ich es nicht einmal so einrichten, daß mir jenseits eines Sees der Horizont entgeht. Hier gibt es keinen Genuß am Gewässer, hier gibt es keine Seevögel. Hier hilft es nicht, daß ich ein Nichtschwimmer bin. Wohin mit dem Nirwana-Instinkt. Der Arzt wohnt Friedhofstraße vier.

DIE OBERSCHWESTER: Sie werden ein ganz wie für Sie gemachtes Parkgebiet finden. Richtige Trauereiben, vorzeitliche Gesteinswände, graue Schichten, Granitsplitter, eiszapfenbärtig mitten im Sommer, und wenn Sie sich noch immer für riesenhafte Erektionen interessieren, suchen Sie die Trauerzypressen auf. Sie werden auf Ihre Kosten kommen. Was für ein hübsches Trauergelände. So haben Sie's gern. Hier tobt Ihre Wahrnehmungsmanie sich aus. Hier dürfen Sie ruhig anschauungswütig sein. Halten Sie sich indessen fern von den Vasen, den Keramiktorheiten, den Topfpflanzen, den Tulpensträußen, den Schafgarben und anderen Feinden Ihrer Wahrnehmung, bis diese aufhören, Ihre Feinde zu sein, und bis Sie also Ja sagen. *Neutral, anonym, leiernd.* Gleichwohl sind Stragulaböden praktisch. Gleichwohl sind Vogelfreunde besser dran, sofern sie überwiegend Hanf verfüttern. Der Hanf-Haschisch, mit anderm Hanf vermischt, wird denjenigen Vogelfreunden verkauft, die das bestimmte Futter verlangen, durch dessen Einnahme die Vögel besonders schön singen. Sie tun dies mit Unterstützung des orientalischen Hanfs. Kosten Sie.

PAULUS: Was wollen wir denn nun sagen? Ist das Gesetz Sünde? Das sei ferne! Aber die Sünde erkannte ich nicht, außer durchs Gesetz. Denn ich wußte nichts von der Lust, wo das Gesetz nicht hätte gesagt: »Laß dich nicht gelüsten.«

DER KRANKE: Lenin, die Appassionata hörend, empfand den Wunsch, die Köpfe aller Menschen zu streicheln.

DER GESUNDE: Er hat gleichzeitig bedauert, daß man aber die Köpfe der Menschen schlagen müsse.

Musik, zum Beispiel »Because«, Beatles.

EHEBERATER: Es gibt heutzutage wirklich keine Probleme mehr mit der Sexualaufklärung Ihrer Kinder. Schon gar nicht bei der Frage nach der Herkunft unserer Kleinen. Liebe Mütter, sagen Sie mit aller Wärme und eindringlichem Selbstvertrauen: Woher du kommst? Du kommst vom schönsten Platz, den es auf der ganzen Welt gibt, du kommst aus Mamis Bauch.

MUTTER A: Meine vier sagen »Mutti«!

EHEBERATER: Auch gut. Muttis Bauch. Fürchten Sie nicht Zweifel gegenüber diesem schönsten Platz, den es auf der ganzen Welt gibt, und vergessen Sie nicht hinzufügen: Und während du da drin warst, hat sich die Mutti dauernd gefreut.

MUTTER B: Vati aber auch, oder?

MUTTER C: Und was soll ich tun, wenn mein Kind überhaupt nicht fragt?

DIPLOMPSYCHOLOGIN: Auweia. Sie müssen sich dann allerdings Sorgen machen. Mischen Sie sich ein. Schaffen Sie Haustiere an, beiderlei Geschlechts, versteht sich. Fahren Sie aufs Land.

EIN KLEINKIND *hohe Stimme, verzerrt:* Wie kam ich in den schönsten Platz denn rein?

EHEBERATER: Dein Vati mußte sich ganz nah zu deiner Mutti legen, mit seinem schönsten Platz, mit seinem Bauch.

EIN VATER: Denken Sie nicht, daß Bäuche etwas zu Hermetisches haben? Ich meine, sofern wir nicht davon ausgehen, daß mittels einer Kanüle . . .

Musik, »Winterreise«: ». . . will dich im Schlaf nicht stören, 's wär schad' um deine Ruh, . . .« eventuell eine Zeile weiter oder auch nicht.

EHEBERATER: Erfinden Sie Benennungen für die Genitalien. Sprachbrockhaus und Synonymenlexika werden Ihnen nicht helfen, Ihnen hilft nur Ihre elterliche, liebende, zum Kind herunterinfantilisierte Phantasie. Vatis Tannenzapfen, sein Zöpfchen, sein Rübchen, sein Rettich, oder, für Gläubige:

sein Kirchenglockenschwengelchen. Zeigen Sie sich, beide Eheleute, häufig den Kindern nackt. Vatis Gebaumel darf für den kindlichen Blick, für kind-kindliches Spiel und auch Experiment nicht tabu sein.

MUTTER A: Was aber ist mit dem Lokalaugenschein bei uns Muttis?

DIPLOMPSYCHOLOGIN: Ich schlage zwei Wege vor. Für die Empfindlicheren diesen, der aber nur bei einer Mindestkinderzahl von zwei begehbar ist: Lassen Sie den kleinen Bruder oder die kleine Schwester beim Entwindeln, Waschen und Pudern der Geschlechtsteile des Schwesterchens zusehen.

EIN VATER: Wenn aber der Säugling kein Mädchen ist?

DIPLOMPSYCHOLOGIN: Dann müssen Sie, empfindlich oder nicht, den zweiten Weg wagen: die gute Mutti, die es ernstnimmt mit ihrem aufklärerischen Job, legt sich, beispielsweise auf die Matte im Badezimmer, hin und macht die Beine auf. Nun kann alles sichtbar werden.

EHEBERATER: Lassen Sie das zu belehrende Kind ruhig ein bißchen da überall dran rumspielen, etwa, falls es sich um einen Knaben handelt, mit einem leichten Spielzeugauto oder einem kleinen Schiff.

DIPLOMPSYCHOLOGIN: Das wird nicht nur dem Kind Spaß machen, möglicherweise profitieren auch Sie selber ein wenig davon.

ETHIK IN DER PRAXIS: Der Oberstudiendirektor handelte in vollem Recht, als er die schweren Schläge austeilte, an den Haaren riß und Tritte mit hartem Schuhwerk versetzte, denn schließlich war der mißhandelte Partner seine eigene Ehefrau.

Musik: ein paar »Ich habe genug«-Zeilen

EHEBERATER: Und hier beginnt nun wirklich die Entstehungserklärung gewissermaßen, um im Bild zu bleiben, kinderleicht zu werden. Väterchens weicher Wanderstab befindet sich in Mütterchens berg- und talreicher Hügellandschaft.

PROSPEKT: Das Fichtelgebirge profitiert von seiner weitgehenden Unerschlossenheit. Es ist höchste Zeit, daß der Tourismus aufhört, das Fichtelgebirge zu versäumen.

EIN ETWAS GRÖSSERES KIND *ruft:* Aber warum denn überhaupt?

ALLE: Weil Vati und Mutti sich gewünscht haben, daß du eines Tages bei ihnen sein werdest.

DIPLOMPSYCHOLOGIN: Lassen wir bitte die ohnehin nicht selbstverständliche, die vielfach entbehrliche – vor allem bei den Muttis auch entbehrte – Freude am Vorgang aus dem Unterrichtsspiel.

EHEBERATER: Weiterer Tip: verändernd eingreifen in die Alltagssprache. Beispiel: Vati feiert ein Jubiläum. Man würdigt ihn. Rufen Sie freudig aus: Oh, welche »Ovulationen« bringt man dem Vati entgegen. Vati ist außerdem »penisions«berechtigt, die Ferien verbringen wir in einer »Penis«ion. *Hörbare Spannung, Aufmerksamkeit, Erhellung, Einverständnis etc.* Vati macht, um für die Ferienzeit per Überstunden vorzuarbeiten, eine Kom»penis«ation. Das sind, in Italien, nicht die Elektionen – fahren Sie hin, wenn wiedermal gewählt wird –, sondern die »Erek«tionen. Und so weiter und alles im Handumdrehen. Sprachregelungen.

PAULUS: Ich aber lebte weiland ohne Gesetz. Da aber das Gebot kam, ward die Sünde wieder lebendig. Ich aber starb, und es fand sich, daß das Gebot mir zum Tod gereichte, das mir doch zum Leben gegeben war!

DIPLOMPSYCHOLOGIN: Wenn Sie sich als Frau in der Ehe repressiv behandelt fühlen, so richten Sie zum Beispiel die Geschlechtsverkehrfrequenz dem Wirtschaftsgeld entsprechend aus.

MUTTER A: Daraufhin würde mein Mann mir hocherfreut nur noch weniger geben.

MUTTER B *ruft:* Der will doch gar nicht mehr!

MUTTER C: Ich muß Ähnliches befürchten. Zwar habe ich selber von allem Anfang an unter der biologischen Pflicht gelitten, dies jedoch kaum erkennen lassen, immer eingedenk der Ehe in ihrer Gesamtstruktur.

MUTTER D: Muß man doch in jeglichem menschlich-soziologischen Bereich, den wir bejahen, immer irgendwo ein Auge zudrücken und Ja machen, wo wir Nein empfinden.

DIPLOMPSYCHOLOGIN: Ich empfehle Frauen mit sexuell lustlosen beziehungsweise sexuell anderswo engagierten, also vollstreckungsschuldigen Partnern, weder Verkleidungen, Aphrodisiaka, Tricks und Mätzchen, ich empfehle ihnen vielmehr Gespräche über Ethik, Tagessoll, Gewissen, Akkordarbeit, Akkordlohn, Unfreiheit.

DER KRANKE: Der Arzt heißt ja gar nicht Doktor Zwang, dieses Inserat des Doktor Zwang betrifft mich überhaupt nicht. Ich bin im Wartezimmer. Der Arzt heißt einfach irgendwie. Auf dem Tisch liegt ein Kruzifix. Es wackelt, wenn ich schreibe. Das Kruzifix aus Metall wäre mittels eines Rings aufhängbar. Das Kruzifix ist leicht anbronziert. Jesus looks quite unlucky und seems to be in very bad moods. Der Jesus kloppert. Der Jesus ist ein Patient. Die Rotbuche habe ich von zu Haus mitgebracht, nun verdunkelt sie nicht mein Zimmer zu Haus, sondern das Wartezimmer. Anamnese einer Rotbuche.

INSCHRIFT: Rauchen nicht gestattet.

DER KRANKE: Der Bach Koser macht sein Durstgeräusch. Blumenstiche, zwei Seebilder, saublöde Aquarelle, ligurische Küste. Es geht mir gut, danke ja. Macht euch Sorgen.

DER ARZT: Glück ist eine Sache des Mutes. Auf sein eigenes Leid starren heißt, seinen Horizont verengen. Haß ist der bequemste Abschluß, sofern zuvor geliebt wurde. Haß ist der Abschluß überhaupt. Sofern Sie einen Abschluß wirklich anstreben, hassen Sie.

DER KRANKE: Ein weißgoldener Ring setzt in Frankfurt/Main Grünspan an. Er ist geschlossen. Ich brauche weder zu hassen noch zu lieben. Alle Patienten im Wartezimmer sind so sprechfreudig, nachdem sie zuvor beim Frühstück so hungrig waren. Doch, ich stamme aus Hessen.

EINE PATIENTIN: Ich glaube es Ihnen indessen immer noch nicht. Sie sprechen ja gar nicht wie die Familie Hesselbach.

DER ARZT: Werden Sie so richtig aufeinander böse. Stellen Sie unter Verdacht. Fangen Sie bloß nicht an zu verstehen, denn das hieße verzeihen, denn das hieße weitermachen mit der Zuneigung. Gernhaben bekommt Ihnen nicht. Nehmen Sie Ihre Konfliktsituation, Ihr Syndrom, den Zustand unter die blinde Lupe der Denkmechanismen, betrachten Sie alles blind-mechanisch. Die Sehresultate, die Antworten sind schon vor dem Lupenaugenschein fertig, keine Angst. Das automatisierte Denken mit seinen Anbiederungsversuchen hat – unverwüstlich bewegungsunfähig – jeder Neubearbeitung des Untersuchungsgegenstandes sich verweigert.

PHILOKTET: Wozu ein Intellektueller imstande ist, der an die normative Kraft des Faktischen, an die alles verändernde und rechtfertigende Zeit glaubt, und wie schwer es jemand hat, der Zeit- und Wahrheitsverhältnisse für zeitlos, für unveränderlich nimmt.

DOSTOJEWSKI: So viel ich jetzt weiß: das Allerweichste kann das Allerhärteste besiegen.

DER KRANKE: Zwei Patienten reden über ihre allmählich weichende Nebelschicht im Kopf, sie können schon wieder autofahren. Der Jesus klappert psychotisch. Die Patienten reden von Bädern, Spritzen und schönen Ausflugszielen, schön, wenn mal die Apathie vorbei ist. Die eine Frau weiß nicht, warum sie heute so müde ist. Sie mag morgens nicht aufstehen. Der eine Mann verzichtete vierzehn Tage lang aufs Frühstück, um seine Tiefschlaftabletten auszuträumen. Allen Patienten fehlt die Beschäftigungstherapie, das Fernsehgerät, der Minigolfspielplatz, das Volleyball-Gelände, allen genügt Ping-Pong nicht, allen ist es zu einsam, alle fühlen sich durch Einsamkeit zum Denken verleitet. Der eine Mann sagt, es ist schlimm, wenn man anfängt mit dem Denken. Davon muß man unbedingt los. Einen weiten Bogen machen um dies heimtückische Denken. Eine Patientin kriegt nicht mal einen Brief an die Familie hin, sie kann ja ihre eigene Schrift nicht mehr lesen. Was soll denn der komische weiße, circa zehn Zentimeter hohe Kasten knapp vor der Chefarztzimmertür? Soll das ein Stolperkasten sein, ein Testkasten, ein Reaktionsprüfer? Wird man hier nicht dauernd reingelegt? Eine Ellen hat wieder die ganze Nacht lang geweint, jemand hat Angst vor der Spritze, jemand hat eine Zunge wie ein Reibeisen, jemand hat wieder Fieber, jemand ißt gar nichts, eine Tänzerin ist ein richtiger Kamerad, macht sich aber kaputt und kann kaum aufrecht gehen, wenn sie nur von Traubenzucker zu existieren versucht, wie soll sie denn da je in Bielefeld tanzen können. Jemand sagt »Auf Horchposten für Deutschland« und lauscht an der Chefarztzimmertür.

AUSGABEN DES 7. 4.: Hotel Post, Tee: 2,50. Zigaretten: 7,40. 1 Telefonat: 2,–. 1 Bier: 0,80. Tomaten: 1,38. 1 Aschenbecher: 3,95. 1 Taxi: 5,–. 1 Fahrkarte Innsbruck: 108,–. 1 Telefonat: 4,50.

KLEIST: Ich passe mich nicht unter die Menschen, es ist eine traurige Wahrheit, aber eine Wahrheit; und wenn ich den Grund ohne Umschweif angeben soll, so ist es dieser: sie gefallen mir nicht.

DER ARZT: Die Individuation, die Ablösung von den übernommenen Mechanismen des Bewußtmachens und des verunstaltenden Denkens: Sie können sie gar nicht extrem genug ablehnen. Lassen Sie sich nur nicht wegführen zu etwas Unerwartetem. Es könnte Sie freuen, also verstören. Kriminalisieren Sie Ihre angeschmutzten sogenannten Herzensangelegenheiten zu Gelegenheitsdiebstählen herunter. Gewöhnungen machen auch hier bei uns die Gewohnheit, lassen Sie die zur Angewohnheit werden, genießen Sie Ihr Sauerstoffbad, Ihre Eierstichsuppe, Ihre gesundheitsfördernde Unfreiheit. Finger weg von dem, was unendlich ist, was nicht zu Ende gedacht werden kann, von dem keine Grenzen abgesehen werden können.

Musik: Beat – später ein Stück Versus II. Gruppen klatschen in die Hände. Rhythmisches Lachen. Geräusch von Gymnastik-hüpferei.

PSYCHOLOGIN IM ANGESTELLTENVERHÄLTNIS: Verheiratete Personen besitzen die besten und meisten Gelegenheiten zur Ausübung des Unendlichkeitssportes Aphrasie. Das sind die fehlgesteuerten Sätze. Zum Streit kommt es ganz unweigerlich.

EINE RATSUCHENDE: Was schneiden sich denn zwei miteinander verheiratete Personen für schreckliche Gesichter? Was ist denn das für ein Haft-Trieb, für ein Gefängnis-Instinkt, für ein verbohrtes Beharren auf der aphrasiebefallenen Lebenslänglichkeit?

EINE DIE ES NICHT WISSEN MUSS: Die Ehe ist das Herrlichste! Ich habe den Meinen so weit ganz prima hingekriegt.

EINER DER ES AUCH NICHT WISSEN MUSS: Ein volles Ja zur Ehe. Meine Lebensgefährtin kann mir seit zig Jahren nichts mehr vormachen. Erziehung macht Spaß.

EINE RATSUCHENDE: Warum blicken denn zwei miteinander verheiratete Personen nicht aneinander vorbei. Warum blicken sie denn einander an, wenn sie es nicht freundlich oder nichtssagend tun können. Warum bleibt es denn dabei. Warum verstellen die Personen sich nicht, warum üben sie nicht die Stummheit, die Blindheit, die Taubheit für Geräusche und Anblicke, warum studieren sie nicht das Heucheln. Warum lassen sie es dabei.

DIE BRÜDER GRIMM: Etwas Besseres als den Tod können wir noch immer finden.

EHEFRAU: Ich bin eine gute Ehefrau. Ich spiele mit. Mein Mann bricht die Ehe so durchaus produktiv. Ich organisiere seine Augenblicke, ich finanziere seine Epiphanien, ich datiere seine Gelegenheiten, ich verschaffe ihm jeweils seinen Moment »jetzt«. Ich verteile ihn über den Kalender. Ich kann diesen Tip nur weiterempfehlen. Mein Mitspiel ist ein preisgünstiger Einkauf. Ich hab ihn in meinem Einkaufsnetz, egal in welchem Bett er sich gerade wohlfühlt. Ich bekomme ihn immer wieder zu Discountpreisen zurück. Meine verständnisvolle, großherzige Kuppelei ist ein marktsicheres Lockangebot. Prima Geschäfte, während natürlich und nicht zuletzt von mir Tränen noch und noch vergossen werden. Unser unzertrennliches, korruptes Eheleben funktioniert. Es impliziert die Unordnung, die Brutalität, den Egoismus. Wir sind handelseinig geworden. Wir randalieren zusammenlebend im Zustand der rationierten Freiheit. Wir sind im Besitz unserer Identität auf Raten. Wenn man den Dreh mal raushat, profitiert man schließlich auch von den eigenen Opfern, denn ich bringe immer wieder einen ganz erstklassigen Krawall hin. Szenen, na! Die Wände beben, der Boden bricht. Ich habe ja jederzeit meinen wahren Hamstervorrat für Vorwürfe. Seine Schulden und Sünden sind von mir genehmigt, beglaubigt und archiviert, ich kann also von einer

Minute zur andern loslegen mit der skandalisierenden Rache und ihn unter seinen eigenen Trümmern begraben. Dann hol ich ihn mir wieder raus. *Lachen.*

ESRA 9, 6: Ich schäme mich, meine Augen aufzuheben zu dir, denn unsere Missetat ist über unser Haupt gewachsen.

MAO: Bei einer bestimmten Temperatur wird ein Ei zu einem Küken, aber keine Wärme kann einen Stein in ein Küken verwandeln; denn die Grundlage der Veränderung ist bei den beiden verschieden.

EHEFRAU: Und wenn mein ehebrecherisch schöpferischer Lebenspartner drum bettelt, fertige ich auch Aktaufnahmen seiner jeweils aktuellen Geliebten an. Das mag er schon. Dafür bekomme ich mindestens mal einen zärtlichen Blick. Vertieft mein abtrünniger Gatte sich lang genug in ein derartiges Foto, so kann dabei für mich sogar der eheliche Vollzug rausspringen, denn seine Biologie ist äußerst reaktiv, ist gleich: ansprechbar.

MAO: Wir müssen es erlernen, die Probleme allseitig zu betrachten, nicht nur die Vorderseite der Dinge zu sehen, sondern auch ihre Kehrseite.

KNEIPPE DAHEIM, EINE BROSCHÜRE: Schließen Sie Freundschaft mit dem kalten Wasser. Seinen belebenden Reiz werden Sie bald nicht mehr missen wollen. Die kalte Dusche wird geradezu zum Bedürfnis.

DER KRANKE: Der Kaffee schmeckt fränkisch, aber dann schmeckt jeder deutsche Kaffee fränkisch. Die eine Patientin schläft beim Kauen dauernd ein. Ihr Kopf fällt mitten in die riesige braune Marmelade. Alle Patienten beobachten sich beim Zittern. Jemand überholt jemandes Rekord im Zittern. Jemand sucht seine Tasche, jemand findet die Tasche und sagt: Die Tasche lag auf dem Stuhl und sang »Ich hatt einen Kameraden«. Jemandem wird's dauernd heiß. Jemand steht vom Tisch auf und sagt »Vielleicht gibt's ein freudiges Ereignis« und meint damit WC und Verdauungstrakt. Weitgehend wiederhergestellte Patienten planen jetzt schon die Weihnachtseinkäufe, denn es ist jetzt schon Juli.

DER EHEBERATER: Für die ganz Scheuen, denen die angebotenen Methoden zur Sexualaufklärung ihrer Kinder noch immer Schwierigkeiten bereiten, empfiehlt sich ein Verhalten gemäß dem der getesteten Strudelwürmer. Die besten Eltern stellen sich den Kindern als Mahlzeit zur Verfügung. Sprachliche Kommunikation entfällt hiermit. Aus dem Haschee der Eltern beziehen die Kinder den gesamten Erfahrungs- und Erlebnisschatz von Vati und Mutti.

Musik: Schlußarie, Anfang, von »Ich habe genug«: »Ich freue mich auf meinen Tod . . .« – dann etwa The Mama's and The Papa's mit »Did you ever want to cry«.

DER GESUNDE: Du bist ganz große Klasse aufgeschwemmt.

DER KRANKE: Ich bin ganz große Klasse von mir selber weggeschwemmt.

Wieder etwas Musikgemisch, entfernt.

DER ARZT: Sie sind ganz große Klasse verringert, von sich selber entfremdet, ein Abbild geworden, eine Erwartung der Außenwelt.

DER GESUNDE: Du bist ganz große Klasse stumpfsinnig nun endlich.

DER KRANKE: Ich bin ganz große Klasse zugleich verengt und aufgedunsen.

DER ARZT: Sie sind ein Klasseresultat unseres Indifferenzierungsprogramms. Passen Sie auf: jetzt geht's los mit der Bequemlichkeit. Ihr Einverstandensein, Ihre schläfrige Mechanik, Ihre Eingliederung in die Mammutgruppe, Ihre Verkleisterung: erreicht.

DIE OBERSCHWESTER: Und nach dieser unserer letzten Infusion schnell noch mal auf die Waage mit unserer endlich gesicherten, endlich entladenen Pistole, mit unserm Kurerfolg Klasse eins.

KLEIST: Mir ist auf Erden nicht zu helfen.

ALLE: Mit diesem ausgezeichneten Zertifikat für den überweisenden einheimischen Arzt sind Sie entlassen. Wir gratulieren.

HIOB: Meint ihr, daß ihr Gott täuschen könnt, wie man einen Menschen täuscht?

WIR BEIDE: Nun stört uns beide kein Widerspruch mehr, uns teilt nicht mehr der Unterschied zwischen krank und gesund. Und zur Krönung des Kurerfolgs machen wir ein schönes Picknick auf der Rückreise. Mit dem Obst verschlucken wir einige Maden, möglichst viele, und machen uns somit Madenerfahrungen zu eigen. Auf dem Kuchen und dem Brot lassen wir das ganze Ungeziefer sitzen und verzehren es mit. Uns wird es viel Spaß gemacht haben. Uns wird es speiübel geworden sein. Mit jedem Bissen werden wir tiefer in die Bewußtseinswelt des Ungeziefers eingedrungen sein. Wir werden unheimlich viel gelernt haben.

MAO: Wenn der Feind uns bekämpft, ist das gut und nicht schlecht.

DIE KURLEITUNG: Der beste Kurerfolg ist allerdings der späteste. Ihr schneller Kurerfolg macht uns etwas nachdenklich.

MAO: ... es zeugt davon, daß wir nicht nur zwischen uns und dem Feind eine klare Trennungslinie gezogen haben, sondern daß unsere Arbeit auch glänzende Erfolge gezeitigt hat.

KIERKEGAARD: So habe ich denn doch lange genug geseufzt und haben die Gedanken in mir geseufzt.

Musik Versus II.

Erstsendung: 21. Oktober 1970
Produktion des WDR/HR

Der Geburtstag. Eine Diskussion

Hörspiel

Personen

Geburtstagskind
Der es gut meint
Gutmeinender II
Fachmann
Mütter-(Mü)-Partei (verschiedene weibliche Stimmen)
Freud

DER ES GUT MEINT: Du wirst schon sehen. Außerdem wird alles genau wie immer mit Mord und Totschlag ganz prima ausgehen.

FACHMANN: Sie müssen Ihren Geburtstag zur Verfügung stellen.

MÜTTER-PARTEI *Frauenstimmen im Chor:* Sie müssen den Anlaß geben.

DER ES GUT MEINT: Alle werden sich inmitten von Zank und Gerede und Streit und Übereinkunft und Geplärr gefräßig versoffen zivilisiert ganz ausgezeichnet unterhalten haben. Der es gut meint, also ich, ich sehe es voraus. Du wirst selbstverständlich überleben, wie immer und wie alles vorher, begraben unter Geburtstagssträußen.

Musik: LP »Revelation« der Man: »And in the Beginning«. Dies Gemisch aus Orgel, gesprochenem Text, Ruhe kann anfangen/aufhören, wo es will, und wieder aufgenommen werden.

GUTMEINENDER II: Der bürgerlichen Rangordnung nach zwar nur ein Gutmeinender Nummer zwei, aber ich meine es genauso gut wie Nummer eins. Eimerweise wird es nicht geregnet haben. Von Hochdruck werden wir nicht verschont geblieben sein, mit gemeinplätzigem Sonnenschein wird Ihr Geburtstag allen Gästen den schönen Schweiß aus den Poren treiben, warten Sie mal ab.

DER ES GUT MEINT: Du wirst schon sehen. Verhalte dich. – Habe ich mich unserer Diskussionsrunde bereits vorgestellt? Ich bin, um weitgehend anonym zu bleiben, »Der es gut meint«.

MÜTTER-PARTEI: Wir, die Mitglieder der neugegründeten Mütter-Partei, kurz »Mü-Partei« genannt, meinen es ebenfalls gut. *Eine einzelne rechthaberisch-pingelnde Frauenstimme.* Wir haben eine Weltanschauung. *Eine andere Stimme, die sich hochtrabend-pseudogelehrt gibt.* Wir verharren nicht in Skrupeln und Passivität.

Musik: Die ersten Notenzeilen von Versus II aus der Kantate »Christ lag in Todesbanden« von Johann Sebastian Bach.

FACHMANN: Fachleute meinen es selbstverständlich sowieso gut. Ohne falsche Bescheidenheit möchte ich mich speziell für diesen Fall von Feiertagsverworrenheit, schwerer soziologischer und psychologischer Zivilisationstrübung – erkennbar am Beispiel GEBURTSTAG – als Fachmann bezeichnen. *Gespreiztheit schlägt um in forschen Befehlston.* Und nun streichen Sie am besten so ziemlich sofort den Kretin von der Gästeliste.

DER ES GUT MEINT: Noch weigert sie sich ja, überhaupt eine Gästeliste anzufertigen.

Blöde-empört raunende Ooooohhhs der Mü-Partei.

GEBURTSTAGSKIND: Schadenersatz für Geschwätzigkeit. Nach einer Kopfverletzung wurde die vormals scheue Frau unscheu. Der Ehemann: Nur wenn sie ißt, ist sie ruhig.

MÜ-PARTEI *eine Wortführerin:* Über Ehemänner reden wir noch.

GEBURTSTAGSKIND: Ich werde achtunddreißig Jahre alt. Ich werde vierundfünfzig Jahre alt. Ich werde neun. Ich werde einundsechzig. Ich lerne sprechen. Ich bin so oder so nach allgemeiner Sprachregelung das Geburtstagskind.

DER ES GUT MEINT: Tyrannei, die geht uns alle an. Sag endlich Anpassung statt Tyrannei. Am Abend sind wir leichtsinnig, matt und geschwätzig; du süchtige Sau, kann ich dann jederzeit zu dir sagen.

GUTMEINENDER II: Für Sie trifft das nicht nur auf Abende zu. Sie bedurften keiner Kopfverletzung. Ich meine es gut.

GEBURTSTAGSKIND: Nur wenn sie ißt, ist sie ruhig. Wenn aber die vormals scheue Frau beim Essen schmatzt.

FACHMANN: Geräusche wie Schmatzen haben nur bedingt Aussagewert.

DER ES GUT MEINT: Du mußt die Nerven verdicklichen. Wir verlangen dir nicht das Unmögliche ab. Wir wenden nicht Macht an, wo sie nicht anzuwenden ist. Dies ist nicht Spinozas Tyrannei . . .

GUTMEINENDER: Dies ist normal, ist Anpassung, so verläuft es . . .

DER ES GUT MEINT: Und wir verlangen dir das nur dir Unmögliche ab, aber siehe da, du hast dich geirrt, du kommst ja damit zurecht, du funktionierst wacklig, du stolperst ganz passabel durchs Unmögliche, du würgst dich da hindurch, du bist fast kaum noch verkrampft in der Macht, die wir anwenden, wo sie nicht anzuwenden ist und wo wir sie anwenden, alles dir zuliebe und damit du es lernst.

MÜ-PARTEI *mehrere*: Wir nehmen das Risiko auf uns und schauen Sie an. *Einige gedehnte Schmerzenslaute, erzielt durch den Anblick.*

GUTMEINENDER II: Bei Ausfallserscheinungen dieser Art, vom Geburtstagskind eindrucksvoll demonstriert, empfehle ich, wenn auch als Laie, aber in der Gutmeinenden-Zwei-Position, doch immer wieder die Lektüre der Tageszeitung. Sex-Atlas nun auch für Blinde. Keiner wird benachteiligt. Die Meere beginnen zu sterben.

GEBURTSTAGSKIND: Der Bodensee ist schon fast tot.

GUTMEINENDER II: Na bitte. Was ich sage. Es hat vielfach was Poetisches auf sich mit den Schlagzeilen.

FACHMANN: Zugleich stimulierend.

GEBURTSTAGSKIND: Die chemische Verschmutzung macht schöne Fortschritte.

GUTMEINENDER II *verärgert/belehrend:* schön – so stand es nicht im Artikel. Es verändert den Sachverhalt. Es verunsachlicht. Der Verfasser des Artikels war nicht zynisch wie Sie.

GEBURTSTAGSKIND: Die schönen Fortschritte der chemischen Verschmutzung machen den schönen Fortschritten der seelischen Verschmutzungen Konkurrenz.

DER ES GUT MEINT: Und nun begib dich mal an die Arbeit. Stell die Gästeliste für deinen Geburtstag auf. Überall hocken sie schon in ihren stilvollen, festummauerten, geräumigen Daseinswinkeln und lauern deinem immer noch nicht erfolgten Einladen auf. Sie werden sich, so lang du auch mit dem Einladen wartest, den Besuch bei dir immer noch ganz gut einrichten, o ja, wir verschieben das und das, o ja, wir kommen sehr gern.

FACHMANN: Beste Therapie für den Kranken, mit dem nichts

weiter los ist, außer daß er seine hochverehrte Krankheit zum Tode kultiviert . . .

GEBURTSTAGSKIND: O ja, ich weiß Bescheid, ich weiß, was das Beste für diesen komischen Kranken ist: am Kranken rütteln, ihm das Haar zerraufen, ihn zerkratzen, ihn treten, rumstoßen, ihm eine verpassen, ihn auf den Kachelboden schmeißen . . .

DER ES GUT MEINT *seriös:* Aber so, daß man bis zum Geburtstag nichts mehr davon sieht. Wir tragen unmittelbar nach der heilkundigen Mißhandlung Jod und entsprechende Salben auf.

Weitere Notenzeilen aus Versus II.

MÜ-PARTEI: Aber das Auto ist wirklich zu schade für den Kretin.

DER ES GUT MEINT: Streich den blutsverwandten Kretin von der Gästeliste. Auf dieser Liste befindet sich obenauf und als einziger bisher der Kretin.

MÜ-PARTEI: Der Kretin ist unsauber und zu schwer.

GUTMEINENDER II: Er läßt sich einfach in das schöne Auto reinplumpsen.

FACHMANN: Der Kretin ist peinlich.

DER ES GUT MEINT: Auch das Kleinkind könnte das schöne Auto verunreinigen, sofern es ihm schlecht wird auf der kurzen Fahrt zu deiner Geburtstagseinladung, aber das Kleinkind macht allen nicht peinlichen Gästen Spaß.

GEBURTSTAGSKIND: Ein begabter Mensch begreift den Tod eher und nimmt ihn eher an als ein Unbegabter.

FACHMANN: Seite dreihundertneunundfünfzig, aber sonst rate ich Ihnen von der Beschäftigung mit russischen Autoren ab. Epikur ist besser: Der Tor weiß nicht, was er mit der Ewigkeit anfangen soll.

Musik: Beat. Nicht sehr lang. Eventuell Pink Floyd, was Hartes.

MÜ-PARTEI *eine Stimme:* Was halten Sie denn eigentlich von der Insemination? Ich, als Geschäftsführerin der Mü-Partei, ich halte verdammt viel davon. Was ist denn das Glück im Leben einer Frau ohne das Mutterglück? Ein Surrogat, sag ich mit den Heterologen.

MÜ-PARTEI *andere Stimme, patzig:* Mü kürzt immerhin Mütter ab!

GEBURTSTAGSKIND: Das Glück: eine absurde und sogar schädliche und sogar perverse Fiktion, sofern es nicht allumfassend, universal realisiert wird. Irgendwie komisch oder so.

MÜ-PARTEI *Geschäftsführerin, überhaupt: Wortführerin:* Natürlich muß bei der künstlichen Besamung der leibliche Vater anonym bleiben. Denken Sie nur an Kühe und Schweine.

FACHMANN: Als Fachmann bin ich verpflichtet, darauf hinzuweisen, daß bei der Insemination die Frau unter Verzicht auf die Lustprämie der Mutter Natur die Zeugung auf sich nehmen muß. Wir haben es lediglich mit Kanülen zu tun.

GUTMEINENDER II: Entweder-oder, nicht wahr. Man muß eine Wahl treffen, entweder die für das Ästhetische oder die für das Ethische.

DER ES GUT MEINT: Der Zwang zum Verzicht. Du kannst nur eine Person sein. Mißtraue dem Vorentwurf in dir.

MÜ-PARTEI: Verzicht, ph – und Männer, und was sie sich einbilden mit dieser Lustprämie. Daß der Mann sie der Frau –

MÜ-PARTEI *eine zweite mischt sich eifrig ein:* – aus wissenschaftlich ermittelten, siehe Anatomie und so weiter –

MÜ-PARTEI *wieder die Vorrednerin:* – daß der Mann sie der Frau aus physiologischen Gründen und Beschaffenheiten nicht zahlen kann, diese Lustprämie, ist erwiesen. Der Mann ist nicht nötig, nicht hierfür.

FACHMANN: Wir Fachleute mit Verantwortungsbewußtsein bevorzugen für die Insemination verheiratete Männer beziehungsweise Spender, gestandene Leute, möglichst mit Kindern, also Väter –

DER ES GUT MEINT *zum Geburtstagskind:* Was macht denn die Liste? Los!

FACHMANN: – denn Väter gewähren Sicherheit im Hinblick auf ihre Fruchtbarkeit: Mit zu vielen Kanülen wollen wir die hoffenden Frauen nicht auf ihre Existenzberechtigung per Mutterschaft warten lassen.

MÜ-PARTEI: Bravo!

FACHMANN: Väter, deren Nachkommenschaft wir zuvor überprüft haben, gewähren darüber hinaus die weitere Sicherheit, nämlich die für die Qualität der künstlich hergestellten Nachkommenschaft.

DER ES GUT MEINT: Also endlich weg mit dem Kretin von der Liste.

FACHMANN: Es kann dann fast nichts mehr schiefgehen. Lassen wir die Labilen mal weg. Es steckt sowieso in jedem Positiven irgendwo und gelegentlich das tückische, unberechenbare Negative. Ich denke hier an Patienten, künstliche Ehepaare sozusagen, die in irgendeiner Weise plötzlich mit psychotischem Schub aus der Reihe tanzen und verrückt spielen.

GEBURTSTAGSKIND: Dem Kretin sagen wir: der Geburtstag fällt überhaupt aus. Wir entsprechen hier nicht der Wahrheit, lügen aber nicht, sofern der Kretin nicht ausdrücklich f r a g t.

DER ES GUT MEINT: Lügen ist unter bestimmten Umständen kein ethisches Delikt.

GEBURTSTAGSKIND: Wir entsprechen dann jedoch eindeutig der Wahrheit, wir befinden uns dann jedoch in Übereinstimmung der Rede mit dem Gewissen, dem Sachverhalt und was weiß ich, wenn wir auf die Frage des Kretin, warum der Geburtstag denn ausfalle, mit dem Satz DIE PERSON DIE GEBURTSTAG HAT IST NICHT IN STIMMUNG antworten. *Ruft, hämisch, triumphierend.* He! Ich bin nicht in Stimmung.

DER ES GUT MEINT *gelassen, sachlich:* Schlampe. Streich aus. Schreib hin.

MÜ-PARTEI *ein piepsiger Zuruf:* Denken Sie ans Kleinkind!

GEBURTSTAGSKIND: Das Kleinkind mit seinem Blödsinn wird alle Gäste erbauen. Der Kretin mit seinem Blödsinn würde alle Gäste schockieren, abstoßen, ihnen würde speiübel beim Blick über diese allzu nahe Grenze zwischen ihrer Vernünftigkeit –

GUTMEINENDER II: – ihrer gesellschaftlichen Relevanz!

GEBURTSTAGSKIND: – und dem Blödsinn des Kretins. Es ist indiskret, meine Gäste diesseits des Wahns der Grenze nahzubringen, wo jenseits, im Wahn, der Kretin sein unappetitliches Sein absolviert.

DER ES GUT MEINT: Du machst ja Fortschritte. Nun ändere mal den Text und singe nach deinen hochverehrten Notenzeilen –

Musik: Rezitativ »Mein Wandel auf der Welt« aus der »Kreuzstabkantate« von Johann Sebastian Bach.

GUTMEINENDER II: Schön, der Wandel auf der Welt.

MÜ-PARTEI: Mindestens »Kreuzstab« und so weiter. Drunter tut sie's nicht.

FACHMANN: Sie verklammert sich mit ihren Psychosen. Es gibt schädliche Musik. Es gibt auch heitere Klänge.

Musik: sehr kurz irgendwas Albernes, Operettenhaftes, weiblicher Kicher-Sopran.

DER ES GUT MEINT: Sing mal Adorno drauf . . .

Musik: wieder Bach.

DER ES GUT MEINT: Sing mal »Das Denken ist ein Tun / Theorie eine Gestalt von Praxis . . .« *Singt.*

GEBURTSTAGSKIND: Und worauf soll ich weitersingen: »Nur eine Ontologie hält sich die Geschichte hindurch: die Verzweiflung«, hm?

MÜ-PARTEI: Mit Strom findet die Zukunft statt. Wir reden noch über Strom und Zukunft.

FACHMANN: Die Eigenschaften des biologischen und des gesetzlichen Vaters werden einander angepaßt. Also: Körperlänge, Körperbau, Gesichtsfarbe, Farbe der Augen, der Haare und was es sonst noch gibt. Es soll was möglichst täuschend Verwandtschaftliches von der endlich existenzberechtigten Frau, der M u t t e r also, entbunden werden.

MÜ-PARTEI: So sehr ich für die Insemination bin, e i n e Vorstellung ist für mich und für, wie ich hoffe, die Majorität der Frauen unzumutbar: der biologische Vater bei seiner Spenderfunktion m i t Lustprämie. *Einige Igitt etc., Stöhnen etc., weiblich.* Um es leider deutlicher auszusprechen: der biologische Vater darf nicht für uns masturbieren. *Viele erregte Nein und ein paar Pfui, weiblich.* Er darf nichts davon haben. *Eine andere löst rasch ab.* Sein Wollustgestöhn und das ganze Gerammel *eine andere, rasch* – von dem wir nichts wissen würden – *die vorige* – es darf gar nicht erst stattfinden. *Die Wortführerin, seriös, pedantisch.* Der Samen muß mit den entsprechend künstlichen Methoden ergattert werden, wie er einverleibt wird. *Eine andere, ruft.* Samenbanken sind diskreter. *Eine andere, larmoyant.* Samenbanken sind weniger psychisch belastend.

Musik: Beat, kurz, hart.

GEBURTSTAGSKIND: Warum melden sich denn so viele Spender? Haben sie doch ihren von der Mü-Partei diskriminierten Spaß dran? *Dieser Gedanke macht dem Geburtstagskind ein rachsüchtiges Vergnügen . . .*

DER ES GUT MEINT: Befaß dich mal lieber wieder mit deiner Gästeliste. Der Kretin ist im Auto zerstörerisch, bei der Geselligkeit dickbäuchig, unsauber, unerzogen, neugierig, unerziehbar. Das Kleinkind ist im Auto zerstörerisch, aber nett, bei der Geselligkeit dickbäuchig nett, unsauber nett, unerzogen, neugierig, aber erziehbar.

GUTMEINENDER II: Es trägt zur Daseinsfreude all Ihrer mechanisierten Gäste bei.

GEBURTSTAGSKIND: Jetzt klatschen der Kretin und das Kleinkind beinah gleichzeitig in die Hände. Beider Anlaß ist unerfindbar. Vielleicht aber hat das Kleinkind sich über eine ausgerupfte Blume gefreut. Vielleicht aber hat der Kretin sich gefreut, weil er eingeladen ist. Die eine Freude ist wirklich niedlich. Die andere Freude ist wirklich idiotisch.

DER ES GUT MEINT: Auch unästhetisch.

GUTMEINENDER II: Die eine Freude trägt zur Geselligkeit bei. Die andere Freude destruiert die Geselligkeit.

GEBURTSTAGSKIND: Gemixte Sperma zur Verbesserung der Anonymität all der masturbierenden biologischen Väter. Goethe und seine höhere Begattung.

DER ES GUT MEINT: Ich würde nun doch mal entschlossen an den Bruch mit der Endlichkeit denken. Los!

GEBURTSTAGSKIND: Ich will wie Hiob zuletzt alles zurückerhalten, ich will nunmehr das Alte auf eine neue Art erleben, bedingt durch die Resignation, der ich mich unterworfen haben werde.

MÜ-PARTEI: Die katholische Moraltheologie hat Masturbierer abgelehnt. Wir kennen die moralischen, die ästhetischen, die keine Mutter kränkenden Verfahren. *Eine andere, eifrig.* Hodenpunktion zet Bee. *Eine andere, ruft.* Bee! Bäh! *Die erste.* Gewinnung durch irgendsowelche Druckreize. *Etwas Gekicher, weiblich.* Bloß keine geschlechtliche Lustempfindung.

Musik zum Text, zum Beispiel von »Uriah Heep« ». . . Very – eavy, very 'umble«, was Sanftes, eventuell »Come away Melinda«.

MÜ-PARTEI: Ach, es ist nett, die katholische Kirche auf seiner Seite zu haben. *Eine andere.* Der erzeugende Anfang des zweivätrigen Kindes darf keiner beteiligten Person Spaß gemacht haben.

GEBURTSTAGSKIND: Ja, ich fange an, meine Gäste einzuladen. Sie lauern schon neben den Telefonen. Gleich wird mein Ruf sie freudig hochschrecken. *Laut.* Finger weg!

DER ES GUT MEINT *sachlich, ruhig*: Miststück.

GEBURTSTAGSKIND: Gleich wird meine Stimme mißgelaunt einladen. Sie werden auf Nebengeräusche nicht achten.

DER ES GUT MEINT: Sie werden's sich alle prima einrichten können.

GEBURTSTAGSKIND: Ich verspreche allen zur Vorsicht schon mal das Ausbleiben des Kretins. Damit's eine Vorfreude wird. Ich erfreue alle im voraus mit der Nachricht, das Kleinkind werde miteingeladen. Ich werde nicht nach dem Bruch mit der Endlichkeit gefragt werden. Das ist die Wiederholung. Das ist die Doppelbewegung der Unendlichkeit. Meine Gäste werden es wahnsinnig nett gehabt haben.

GUTMEINENDER II: In Kopenhagen biß ein Bankräuber in ein Stück Käse, das einem Bankbeamten gehörte.

GEBURTSTAGSKIND: Meine Gäste werden in ihren öden, zivilisierten psycho-physischen Gebäuden, in ihren Automatenkörpern, sie werden ihr Genie der Selbstgerechtigkeit hervorkehren, angetrunken, vollgefressen, verschont vom Anblick des Kretins, inmitten der geburtstäglichen hochsommerlichen Verblödung ...

GUTMEINENDER II: Aufgrund des besonders typischen Gebißabdrucks konnte der Täter schon nach kurzer Zeit ermittelt und festgenommen werden.

GEBURTSTAGSKIND: Geburtstag bei Hochdruck, bei Streit und Gequassel und unter blauem Himmel, verwöhnt mit dem aufbauenden Blödsinn des Kleinkinds.

MÜ-PARTEI: Das Kleinkind gefällt uns, Aufgeklärtheit hin, Aufgeklärtheit her, noch zusätzlich ganz besonders gut, weil es auf dem doch immerhin noch niedlicheren, dem normalen, dem biologischen Weg entstanden ist.

GUTMEINENDER II: Kommentar des Bankräubers: Ich habe nur aus Nervosität in den Käse gebissen. Ich mag Käse gar nicht.

GEBURTSTAGSKIND: Meine Gäste werden die Voraussetzung für die Stabilität in ihnen erfüllen. Sie werden alle wirklich begehren zu leben.

MÜ-PARTEI *ein Zuruf:* Das gehört sich so!

GEBURTSTAGSKIND: Sie werden sich daher nicht mit der Notwendigkeit für das Glück herumschlagen müssen, sie werden sich alle gut betragen und gut leben, weil sie selbst unbedingt und wirklich leben wollen.

MÜ-PARTEI *Zuruf, empört:* Na also!

DER ES GUT MEINT: Na klar. *Gelassen wie immer bei Beschimpfungen.* Zimtziege.

GEBURTSTAGSKIND: Es wird ihnen nichts fehlen, weil sie nicht wissen, daß sie sich selbst fehlen, womit ihnen alles fehlt, aber weil sie es nicht wissen, wird ihnen, während ihnen alles fehlt und sie sich selbst fehlen, gar nichts fehlen.

FACHMANN: Überhaupt nichts. Die Umwelt ist gesund, solang sie sich dafür hält. Klasse!

MÜ-PARTEI: Kein Heterologe hat für's Kleinkind einen Spender gesucht, diesen, im Fall des Kleinkinds leider, charakterlich höchst zweifelhaften Vater, aber schließlich, wie gesagt, biologisch. *Eine andere.* Und gesetzlich zugleich. *Eine andere.* Das Kleinkind ist ein niedliches Naturprodukt sämtlicher Miesigkeiten seiner Eltern, die es auf natürlichem Weg geschafft haben. *Eine andere.* Bravo! *Eine andere.* Der Kretin ist ebenfalls ein biologisch und gesetzlich zugleich entstandener Kretin, aber leider gibt sogar Mutter Natur sich mitunter pervers. Leider. Schauen wir weg.

Musik: einige Zeilen aus Versus II.

GEBURTSTAGSKIND: Keiner Verwirklichung mehr bedürfen. Keiner Verwirklichung überhaupt mehr fähig sein. Genug haben an der Erinnerung. Das Verhältnis zu einem Unding machen und es dadurch beenden.

DER ES GUT MEINT: Ich warne dich. Du kannst meinetwegen deinen verkorksten Bruder auf die Gästeliste setzen, aber streich nun endlich den Kretin durch.

GEBURTSTAGSKIND: Keiner meiner Gäste wird es wissen, daß ich nicht verwirkliche, daß ich mein Verhältnis zu ihnen zu einem Unding gemacht habe und daß ich beendet habe, was ich beinah gar nicht angefangen habe.

DER ES GUT MEINT: Hör zu. Wir opfern uns und erlauben dir den vertrackten Bruder.

GEBURTSTAGSKIND: Meine vergnügt gehässig schwitzenden Gäste werden nicht daran zweifeln, daß alles in Ordnung ist. Sie werden meinen befreienden Verzicht nicht kennen, sie werden ohne jeden Argwohn sein, während ich es erfolgreich mit der Doppelbewegung versuche und nun nur darauf warte, daß das Absurde geschehe, die Wiederholung alles dessen, was bereits geschah.

FACHMANN: Der Bruder liegt nur knapp hinter dem Kretin im Rekord der Menschenverachtung. Ich bitte um etwas mehr Dankbarkeit.

GEBURTSTAGSKIND: Ach, die mißglückte höhere Ebene. Manchmal, so zwischen achtzehn Uhr fünfundzwanzig und neunzehn Uhr fünfzehn, kenn ich mich aus mit dem Sublimieren. Ich kenn mich aus mit dem ganzen psychosomatischen Elend. Wirklich. *Gibt sich heiter, anbiedernd.* Ich stelle mich als Spezialistin im Versagen zur Verfügung. He! Man könnte sich an mich wenden, sofern gelitten wird.

DER ES GUT MEINT: Man wird dies natürlich vermeiden.

GUTMEINENDER II: Es wäre selbstverständlich gefährlich.

GEBURTSTAGSKIND: Meinen Gästen versperrt dem Genießen und der Zufriedenheit nicht das Gewissen den Zutritt. Meine Gäste fragen nicht: ich genieße, aber warum denn, aber isoliert, aber wer denn noch, aber wer denn nicht. Meine Gäste trödeln sich bequem durch ihren Daseinsirrtum und reden sich schon gar nicht mehr gut zu, eingeübt wie sie sind: ich liebe, ich liebe diese Person, und diese andere Person, das ist normal, ich liebe das Kleinkind, ich denke nicht nach über den Kretin, mit dem keine uns sympathische Emotion irgendwas anzufangen weiß, denn er gehört einfach nicht dazu.

DER ES GUT MEINT: Vergiß nicht: bei allen Bedenken gegenüber diesem korrupten Charakter erlauben wir dir deinen Bruder.

GUTMEINENDER II: Zumindest auf der Gästeliste.

DER ES GUT MEINT: Wir rechnen durchaus mit dem ganzen Theater, das er höchstwahrscheinlich veranstaltet.

MÜ-PARTEI *eine Stimme, geziert, peinlich berührt:* Spricht dieser Bruder nicht dem Alkohol zu?

DER ES GUT MEINT: Wir sind sämtlicher Unannehmbarkeiten eingedenk, vergiß das nicht.

GUTMEINENDER II: Bei Ihrem Bruder handelt es sich immerhin nicht um einen Kretin. Oder sagen wir vorsichtshalber: n o c h nicht.

MÜ-PARTEI: Wenn der so weitermacht, kretinisiert er sich selber.

FACHMANN: In meiner Eigenschaft eines Fachmanns stelle ich beim Bruder des Geburtstagskindes eine verwandte, nur bereits weiter fortgeschrittene fahrige, ratlose, ruhelose Beziehung, also eine g e s t ö r t e Beziehung zur Außenwelt, fest.

GEBURTSTAGSKIND: Ich befasse mich mit der Gästeliste. Alle Zeilen wandern nach oben. Alle Namen klettern nach oben. Alle Möbel schweben nach oben ab. Eine unumstößliche Gewißheit gibt es nicht.

FACHMANN: Es ist gewagt zu existieren. Sowieso. Mut ist das Schönste.

GEBURTSTAGSKIND: Meine Eltern und mein Bruder wagen es noch immer. Mein Bruder wagt es vielleicht nicht mehr lang. Meine Eltern stolpern über die Bauteile ihres Grundstücks. Was für ein netter Platz. Meine Eltern sind viel zu alt. Das Souterrain ist nett. Es liegt weit ab. Wir werden uns kaum noch sehen. Es ist ein geschützter Platz. Sie sterben. Ja, ihr werdet von der Abendsonne profitieren. Meine Mutter stolpert über eine rostige Stange und bricht sich den Arm. Mein Vater verfängt sich in einem Stück Maschendraht, seine Stirn schlägt auf einen Backstein, und er bricht sich das Bein. Das Grundstück ist klein. Sie sind sofort tot.

DER ES GUT MEINT: Es wird daraufhin noch ruhiger auf dem ruhigen Grundstück.

GEBURTSTAGSKIND: Die Nachbarn sind nah. Das Haus wird klein. Sie werden sich zwischen ihren Möbeln und Bildern nicht mehr bewegen können. Schmerzverzerrt, mit ihren gebrochenen Gliedmaßen oder tot, geben sie sich Mühe, alles sehr schön zu finden.

DER ES GUT MEINT *gelassen, ohne Gefühl:* Einfach als Mensch bist du langweilig.

GEBURTSTAGSKIND: Sieht der Wald nicht so aus, als grenze das Meer daran? Gute Lage. Man muß den niedrigen Quadratmeterpreis bedenken.

DER ES GUT MEINT *wie vorher:* Ein stinklangweiliger Mensch.

FACHMANN: Medizinisch gesehen vielleicht nicht. Soziologisch: ja.

GEBURTSTAGSKIND: Da, in weiter Entfernung, man braucht sie nicht auf die Gästeliste zu setzen, es ist umständlich, sie zu meinem weit entfernten Geburtstag zu transportieren. Die Benzinkosten erhöhen sich ja schon wieder mal. Meinen Vater, einen Wasserspiegelfreund, hat der künstliche See zum Ankauf bewogen. Meine Mutter hat winzige gerötete

Augen, die sie aufreißt vor Angst. Meine Mutter fürchtet sich sehr. Ich aber kehre jetzt zurück in mein längst fertiges Behagen.

MÜ-PARTEI *eine Art Singsang:* Schöne Clematis, schöner Rhododendron. Schöner schöner Flora-Dung.

GEBURTSTAGSKIND: Alle Gästenamen rutschen auf dem Papier nach oben und schieben sich am oberen Blattrand zusammen. Keine Ahnung, ob nicht inzwischen wieder mein Bruder versucht hat, sich mit Gift zu retten. Keine Ahnung, ob mein Bruder verstanden hat, daß kein Versuch ihn heilt, und ob er wieder mit einem Bein über der Brüstung seine tödliche Rettung vor dem Leben riskiert.

FACHMANN: Ich würde es nicht wiederholen, aber da die Geburtstags-Kranke selbst darauf angespielt hat, korrigiere ich den Irrtum ihres letzten Satzes: zu existieren, d a s ist das Wagnis. Nicht das Aufhören zu existieren.

MÜ-PARTEI *eine, pedantisch-boshaft:* Selbstmord ist bequem. *Eine andere.* Igitt! *Eine andere.* Pfui Teufel!

DER ES GUT MEINT: Dein Bruder geht also kein Risiko ein, mit meinetwegen hundert Beinen zugleich über der Brüstung. Dein Bruder stirbt soeben in seiner nicht weiter erheblichen Blutlache.

GUTMEINENDER II: Setzen Sie ihn getrost auf die Gästeliste.

DER ES GUT MEINT: Abgekratzt, abgeschrammt, ausgeflippt. Nimm dich zusammen und kontrolliere deine Aufstellung mittels deiner Adressenliste.

FACHMANN: Als Fachmann bin ich den weiteren dringenden Hinweis darauf schuldig, daß nicht zu übertrieben geliebt werden darf. Es ist nicht bekömmlich. Indifferenz ist bekömmlicher. Abstand ist gesund, desgleichen – *rasches, irres Aufzählen* – Hagebuttenmus, Gymnastik, Sandalen mit Fußbett, Kurpflaumen –

MÜ-PARTEI: – und im Hintergrund die erfrischende, daseinsfreudige Küchenkräuter-, Blumengarten- und Floratorf-Ideologie.

FACHMANN: Wechselbäder. Kaltes Wasser in allen Lebenslagen.

DER ES GUT MEINT: Gib's doch zu: du selber findest Vergnügen an Gartenpflanzen und Waldspaziergängen.

GUTMEINENDER II: Man wird Ihnen Sträuße mitbringen.

GEBURTSTAGSKIND: Ich werde wie idiotisch nach all den idiotischen Vasen rumrennen. Ich werde wie idiotisch froh aussehn über die ganzen idotischen Blumen.

DER ES GUT MEINT: Da ich, als derjenige, der es gut mit dir meint, dich beobachte, auch lebenspartnerschaftlich, stelle ich neuerdings sogar Interesse an allem Lebendigen fest. Du fütterst Vögel. Du kennst dich in Automarken aus. Du kaufst dir schon wieder Schuhe.

FACHMANN: Insgesamt: mehr Obst und weniger Aufwand mit dem ganzen psychischen Krimskram.

DER ES GUT MEINT: Schopenhauer war übrigens ein ganz fröhlicher Bursche. Erkenntnis, die nur möglich ist, wenn wir das Leben und alles Lebendige lieben – na also.

GEBURTSTAGSKIND: Eine Erkenntnis, die erst durch die Verneinung eintritt. Ätsch! Leben erkennen als endloses Leiden. Ätsch!

MÜ-PARTEI *Wortführerin:* Auch wir in der Mü-Partei gehen an den Fragestellungen der Philosophie nicht vorüber. Liebe ist nichts anderes als Mitleid – wir halten das für einseitig, auch für übertrieben. Aber Mitleid als Fundament der wahren Moral . . . daran ist schon was.

GEBURTSTAGSKIND: Laden wir also den Kretin ein. Mitleid.

DER ES GUT MEINT: Mißverständnis.

MÜ-PARTEI *Zuruf:* Treten Sie doch in die Partei ein!

DER ES GUT MEINT: In den Tabellen »rezeptive Orientierung«, Klammer: Annehmen; »ausbeuterische Orientierung«, Klammer: Nehmen; »Hamster-Orientierung«, Klammer: Bewahren; »Markt-Orientierung«, Klammer: Tauschen, steht dein Verhalten stets unter der Rubrik »negativer Aspekt«. Beispiele für Annehmen: annahmefähig gleich der positive Aspekt. Der negative: passiv, ohne Initiative. Oder: ergeben – unterwürfig. Bescheiden – würdelos. Anpassungsfähig – parasitär. Idealistisch – wirklichkeitsfremd. *Jeweils positiv und negativ durch den Ton mitausgedrückt.*

GEBURTSTAGSKIND: Meine Gäste in ihrem todsicheren Versteck, sie leiden nämlich nicht. Ich in meinem todsicheren Versteck: ich leide nämlich.

GUTMEINENDER II: Versteckspiel wäre ein hübscher Einfall für den Geburtstag, was meinen Sie, Nummer eins?

GEBURTSTAGSKIND: Wir werden uns nie finden, und wenn wir bis in die Nacht rein suchten. Jeweils in unseren todsicheren Verstecken. Meine Gäste werden gar nicht denken, sie brauchten mich zu suchen. Ich scheine da zu sein.

FACHMANN: Vielleicht probieren wir's mal so, mehr auf Ihrer Linie: haben Sie mal noch mehr Angst, noch mehr. Dies rät Ihnen ein Fachmann mit Experimentierfreude.

GEBURTSTAGSKIND: Angst ist der Zustand, der die Freiheit möglich macht. Ich will Angst haben, immer mehr.

FACHMANN: Mal langsam. Von der Angst springen Sie dann endlich hoffentlich einfürallemal ins Schuldbewußtsein. Sodann sind Sie frei.

MÜ-PARTEI: Was für ein Gesicht! Paßt das zur natürlichen Vorfreude? Geburtstag hat man nur einmal im Jahr.

FACHMANN: Und dann geht's weiter mit dem Sprung von der Unschuld zur Sünde vor sich und von der Schuld zum Glauben. *Zu sich, mit Seufzer.* Herrgott noch mal, vielleicht schaffen wir's damit. Religion, lieber Gott nein. *Zum Geburtstagskind.* Verstehen Sie, ich opfere mich quasi so ziemlich auf. Ich bin nämlich freireligiös, wenn Sie so wollen.

DER ES GUT MEINT: Schuldig bist du, okay. Aber glauben, du und glauben? Woran denn? In die Irre gegangen bist du, okay, zweifellos, und gehst immer weiter in der Irre spazieren.

GUTMEINENDER II: Was braucht sie denn erst die Angst zu Hilfe zu holen als Voraussetzung für die Sünde . . .

DER ES GUT MEINT: Nehmen wir besser von Sünde den Plural, den schafft sie sowieso.

Musik: Chor: »Befiehl du meine Wege«.

FREUD: Ich bin tot, aber, auf viel Papier fixiert, noch immer Sigmund Freud, ich sage, was ich sagte: Der Mensch ist nicht schuldbewußt, weil er sündigt, sondern sündigt, weil er schuldbewußt ist.

Musik: Chor: »*Warum sollt ich mich denn grämen*« – *Übergang in Beat.*

GEBURTSTAGSKIND: Gegen das Genießen, ja, ich genieße, es stimmt, dagegen stellt sich mir doch immer der Gedanke in den Weg: ich genieße, aber wer noch, wer nicht, und während die Personen, die auch genießen sollen, unaufhörlich sterben.

MÜ-PARTEI *eine kindisch lehrerhaft lobende Stimme:* Na, das ist ja doch alles sehr fein. Ziehen Sie ein paar Pfund Trübsal ab und dann . . .

GEBURTSTAGSKIND: Ich kann diese paar Personen an meinen zehn Fingern abzählen. Ich komme nicht mal bis zehn. Ätsch!

DER ES GUT MEINT: Du denkst unsoziologisch. Du denkst elitär. Du denkst unpolitisch. Du denkst gar nicht.

GUTMEINENDER II: Sie versteht doch außerdem gar nichts von Mathematik. Bis zehn will sie zählen können?

DER ES GUT MEINT: Ich erlaube dir gut und gern, den Kretin mitzuzählen, aber auf eine Geburtstagsgesellschaft gehört er nicht.

MÜ-PARTEI: Das verstieße gegen den guten Geschmack. *Eine andere.* Gegen den gutbürgerlichen Geschmack. *Eine andere.* Gegen Sitte und Wohlbehagen. *Eine andere.* Unter Gesitteten.

DER ES GUT MEINT: Gegen die gesellschaftliche Übereinkunft. Das Kretin paßt genau in die Übereinkunft.

MÜ-PARTEI: Die Azaleen blühen, das Kleinkind wächst heran.

FACHMANN: Mit dem Kretin ist überhaupt nichts mehr los bezüglich Zukunft.

MÜ-PARTEI: Holen Sie nur Rat ein bei einer erfahrenen Mutter, einer weiblichen Existenzberechtigten also . . . *Eine andere.* Warum ist sie eigentlich kinderlos? *Eine andere.* Sie ist ja überhaupt nicht mal eine Mutter! Tsss . . . *Die erste.* Zu viel Liebe und so impliziert zu viel Verstehen. Es hat keinen Sinn, so viel zu verstehen, weil daraufhin nach immer mehr Verstehen gefahndet wird, geradezu süchtig, es geht ins Uferlose, glauben Sie mir. Über das erste und das zweite und alle weiteren Verstehen hinaus, immer weiter, ratlos, und finden Sie sich damit ab: dann fängt's erst richtig an mit der –?

FACHMANN *hilft gnädig, gelangweilt, gähnend aus:* – Verrätselung.

MÜ-PARTEI: Verrätselung, ja. Wir haben das schließlich innerhalb der Mü durchgekaut.

GEBURTSTAGSKIND *aufsagend, leiernd:* Ich bin dafür, daß mit achtzehn gewählt wird. Ich bin dafür, daß die Stadtverwaltung mehr aufwenden will, beispielsweise für Altersheime. Ich bin gegen beschönigende, Herkünfte aus der historisch flüchtigen Nähe ableitende, freundlich motivierende Aufklärungsfilme über das Dritte Reich. Ich bin dafür, daß wir anpflanzen. Ich bin dafür, daß wir uns vertragen. Ich bin dafür, daß wir, um Streit zu vermeiden, beinah überhaupt nicht mehr reden, unter Umständen lebenslänglich. Ich bin dafür, daß wir uns nur noch mit Gesten und Mimik verständigen. *Aufgelockert, zu den anderen.* Wofür ich nicht alles bin!

DER ES GUT MEINT: Du staubst ungern ab.

MÜ-PARTEI: Sie nähen ungern Knöpfe an. *Eine andere.* Sie bejahen die Mutterschaft nicht. *Eine andere.* Sie sind kinderlos – *eine andere* – somit nicht existenzberechtigt.

GEBURTSTAGSKIND: Ich bin dafür, daß auch die Spender ihren Spaß haben.

MÜ-PARTEI: Entweder Sie treten augenblicklich unserer Partei bei oder . . .

DER ES GUT MEINT: Du bist ja g e g e n die Spender.

GEBURTSTAGSKIND: Ich bin die freiwillig weiterertragene Tragödie meiner verschiedenen Daseins-Mittäter. *Freundlich.* Doch, ich tue die meisten Handgriffe im Alltag ziemlich gern.

GUTMEINENDER II: Kennen Sie schon den 3M Dry Photo Copier 151? Drei Meter Brand, Klammer auf: rosa Papier, Klammer zu. Mit dieser Empfehlung meine ich es, Güteklasse zwei, aber nur der aktenkundigen Rangordnung nach, als Gutmeinender Zwei wirklich wieder mal gut.

GEBURTSTAGSKIND: Ein Glück: es gibt ein Gewitter. Deshalb wird heut mein Bruder die Beine diesseits der Brüstung behalten. Er schaut zu.

GUTMEINENDER II: Dry Photo Combination Pak, ohne »c«, einfach Pak mit »k«, Type, englisch aussprechen, siebenhundertfünfundzwanzig. Zweihundertzehn Millimeter × einhundertsiebenundneunzig Millimeter obenauf. Ich meine, die Papierart, das Einschieben. In die Mitte das zu Fotokopierende, drunter das Papier mit vier bleichblauen Blüten, und zwar auf die Rückseite, oder das dickere weiße Copy-Papier, ich bringe das vorerst noch durcheinander. Keep box closed. Store in a cool place. Intermediate to light.

GEBURTSTAGSKIND: Es tut mir leid. Trotzdem war es im Wald schön. Trotzdem war es auf der Wiese schön. Trotzdem war das Geschirr schön. Trotzdem. Nie kann etwas schön sein, wenn etwas anderes auch schön ist, aber verunstaltet. Herzlichst. Verzeihung.

DER ES GUT MEINT: Der es gut meint, besitzt das absolute Gehör für deine Demütigkeiten. *Ahmt nach.* Herzlichst! Verzeihung. Wir haben oft Nachsicht geübt.

GUTMEINENDER II: Wir müssen aufpassen.

GEBURTSTAGSKIND: Nie kann was schön sein, ohne zugleich schrecklich zu sein. Denn es geht verloren. Denn es kommt abhanden.

DER ES GUT MEINT: Wenn einer lallt. Wenn einer salbadert. Wenn einer nicht weiß, wie er rumläuft. Wir umzingeln dich mit Argwohn. Dies sind die jeweils gegen deine Verschrobenheiten angehenden, wohldurchdachten, kaum weiter überlegten, dich zurechtrückenden und auf jeden Fall liebend-realistischen Aktionen gegen dich, so wie du auf dir beharrst.

GUTMEINENDER II: Mit gewisser Vorsicht frage ich mich als Gutmeinender Zwei: sollte unser Geburtstagskind womöglich doch nicht ganz im Irrtum sein? Den Kretin wird sowieso keiner auch nur anschauen. Und wenn, dann mit auch nützlichem, bürgerrechtlich verankertem Ekel. Aber jeder wird ohnehin die Blickrichtungen nur auf Kleinkind und weitere Erfreulichkeiten wenden.

DER ES GUT MEINT: Als Nummer eins im Gutmeinen behaupte ich: sie weiß nichts außer Zitaten, Gewimmer, Widerstand und zweifelhafter Reue. Laß sie xmal sagen: Laster ist

Selbstverstümmelung. Laß sie sagen und sagen. Sie kümmert sich nicht um die therapeutischen Autoren.

MÜ-PARTEI: Während eines Geburtstags möchten die Gäste nicht im Ekel fortgebildet werden, sondern – *viele hintereinander, rasch* – Torten schlabbern / Kaffee süffeln / Sträuße beschnuppern / quasseln / klatschen / übel nachreden / zivilisiert sein . . .

DER ES GUT MEINT: So, und nun denk mal an deinen Lebenspartner. Lauf nicht so rum. Genieß mal dein Leben. Genieß mal die Kirschblütenzweige.

GEBURTSTAGSKIND: Genieß mal das vom Schrecken, von Erschrockensein, vom Heuschnupfen, von der Angst, von der Wahrheit und von der Angst vor der Wahrheit geadelte Gesicht deines verzweifelten Vaters.

DER ES GUT MEINT: Und schon ziehe ich dir einen Strich durch das Wort »geadelt«. Und schon ersetze ich das Wort »verzweifelt« durch das zutreffende Wort »leisetreterisch«.

GEBURTSTAGSKIND: Genieß mal. Weiter. Na? Den kleinen schrundigen Ausschlag auf der kleinen bekümmerten Stirn deiner Mutter. Genieß mal insofern den Anblick des Kretins, als du dir klarmachst, daß du im Vorzug bist, kein Kretin zu sein. Dem Kretin gegenüber findet dein Geburtstag nicht statt, ja. An deinem Kuchen würde er sich doch nur wieder überfressen. Das Kleinkind wird abends ganz niedlich alles wieder auskotzen. Der Kretin wird über den für den Kretin nicht stattfindenden Geburtstag wegkommen nach ausführlichem Geheul, leidend, blöde, arglos, arglistig.

Musik: Peter, Paul and Mary: »The first time ever I saw your face«.

GEBURTSTAGSKIND: Schnaufend erlebt der Kretin, während ich mit meinen mechanisch zivilisierten Gästen mechanisch zivilisiert in aller verordneten und üblichen Brutalität meinen Geburtstag feiere, schnaufend erlebt der Kretin meinen Geburtstag allein am Teich der Orangerie bei den Enten. Im Springbrunnenbereich belästigt er wenigstens nur Personen, übrigens vorwiegend niedliche Kleinkinder, die nicht zur

Verwandtschaft gehören, darin aber nicht stören würden, insbesondere nicht die Kleinkinder.

DER ES GUT MEINT: Vor diesen Personen, mit denen der Kretin anbändelt, braucht man sich nicht zu genieren. Sie kennen uns nicht.

MÜ-PARTEI: Mutter Natur siegt bei der Mütter-Partei, auch als Frauenpartei bekannt, kurz: bei der Mü. Wir sind ethische Vegetarier, nicht einfach so – *verächtlich* – Vegetarier. Nee: ethisch. Bei uns hat jeder Atemzug seine Ideologie. *Eine andere.* Wir sind hungrig und schlankheitsbesessen. Zwischen unserem Büromaterial legen wir Wert auf Sofakissen, Kerzchen, Väschen.

Musik: »Das Wandern ist des Müllers Lust . . .«

MÜ-PARTEI *die erste:* Als Männer zugelassen: Laotse und Konfuzius, deren Mitarbeit erlaubt ist, und außerdem sind sie tot, haben auch Passendes gesagt. Es gibt Sojabohnenwürstchen. *Eine andere.* Frauen bekommen keine Aggressionen, sofern es sich um die richtigen Frauen handelt, wir meinen, um solche, die dem Begriff der Frau mittels Mutterschaft auf die Schliche gekommen sind. *Die erste, dozierend.* Mütterliches Prinzip: Frieden. Männliche Macht aus den Angeln heben. Keine sündige Fleischeslust, was meinen Sie als Heterologe?

GEBURTSTAGSKIND: Aber, während ich genieße: meine Eltern und auch der Kretin, sie sind aus den bloß leicht angeschmutzten Wolken ihrer Arglosigkeit in das tiefe, scheußliche, widerliche, nützliche Loch Wahrheit gefallen . . .

DER ES GUT MEINT: Aber bei auch nur einem Schatten von Erziehung wäre ihnen das mit deinem Bruder nicht passiert.

GEBURTSTAGSKIND: Aber sie leiden.

DER ES GUT MEINT: Aber sie essen ja Fleischwurst.

GEBURTSTAGSKIND: Aber sie sterben ja.

DER ES GUT MEINT: Aber sie sehen ja fern. *Nach dem Schlagabtausch gleichgültig, ruhig.* Vertrottelt sind sie übrigens auch. So läßt sich leben.

GEBURTSTAGSKIND: Geheilt ist man nie.

FACHMANN: Als Widerstandspatient, dann ja. Sonst . . .

GEBURTSTAGSKIND: Wann meinen wir es gut miteinander? Wenn wir sagen: Der Wald ist grün. Der Wald ist schön. Es ist schön schwül im Wald.

DER ES GUT MEINT: Wenn wir sagen: Du mußt deine alten Sachen wegschmeißen, du mußt aufräumen –

GEBURTSTAGSKIND: – du mußt, du darfst nicht seufzen, weil du etwas mußt, du darfst, du solltest endlich – jetzt, ja jetzt meinen wir es gut.

GUTMEINENDER II: Sie haben zu lang über Mörikes holdes Bescheiden gelacht. Herr, schicke was du willst – Sie wissen schon, Sie waren aber nicht einverstanden.

DER ES GUT MEINT: Du hast diese Stelle verachtet, die mit den Freuden, mit denen er dich nicht überschütten soll. Mit Leiden wolltest du natürlich nicht überschüttet werden, klar. Aber jetzt bist du weiter, große Klasse. Du hast die Gleichzeitigkeit kapiert. Sag's auf.

GEBURTSTAGSKIND *leiert runter*: Wenn er mich mit Freuden überschüttet, was er nicht soll, hat er das gleiche Ausmaß von Schutt, die Leiden nämlich, schon in der andern Hand.

Musik: »Jesu meine Freude« – geht leise im Text weiter, hört irgendwann auf.

GEBURTSTAGSKIND: Die Leiden nisten in den Freuden. *Lacht.* Einundderselbe verdammte schöne Segen. Am besten, man greift nicht so gierig zu bei den Freuden.

MÜ-PARTEI *einige nacheinander*: Gier ist sowieso / Gier ist ohnehin / höchstens M ä n n e r haben irgendwelchen Kontakt mit der G i e r !

GEBURTSTAGSKIND: In der verdammt schönen segensreichen Dialektik ist beides vorbereitet. Die Leiden finden dich mit einwandfreier Spürnase, besonders, wenn du dich zuvor zu ausgiebig mit den Freuden abgegeben hast. Vorsicht, Hände weg von den Freuden.

FACHMANN: Es kommt darauf an, sich maßvoll und angemessen zu freuen.

GEBURTSTAGSKIND: Studieren wir mal unsere Todesstunden. Es

wird ein Sonntag sein. Ruhig. Ein soundsovielter im sound-
sovielten. Üben wir mal im Kopf unsere Befindlichkeiten in
den Särgen.

Mü-Partei: Wir von der MÜ finden Einäschern viel hygieni-
scher. Auch Urnen, auch praktischer. Mit Spezialerlaubnis
kann man eine Urne, Inhalt: geliebte Asche, mit ins Heim
nehmen. Sie nimmt sich dekorativ aus, am günstigsten neben
einer Kerze und unter einem Bild etwa des Pastors Sebastian
Kneipp. *Eine andere.* Dürer geht auch.

Der es gut meint: Unsere Tage nicht, nein, die Tage deiner
Gäste nicht, sie sind keine Kunststücke, keine minütlichen
Anstrengungen, denn wir beherrschen unsere Rollen, unsere
Rollen sind erlernbar. Unsere Tage sind keine Bewußtseins-
tricks von morgens bis abends. Wir fallen nicht völlig beschik-
kert Abend für Abend in die Bettwäsche, wir nicht.

Mü-Partei: Das ist uns ganz egal, ob nun der Kretin ein Mann
ist oder eine Frau, er zählt nicht mit . . .

Fachmann: Sexuelle Betätigung kommt ohnedies nicht in
Frage.

Mü-Partei: Wir sehen nicht so genau hin, allerdings riecht er
eher nach Frau, aber was wissen wir von Kretins, wir brauchen sowieso nur zu wissen, was wir wissen wollen. *Eine
andere.* Das Kleinkind ist ein Mädchen. Da schauen wir ganz
genau hin. *Eine andere.* Niieedlich! *Die erste.* Wir gehören
wahrlich nicht zu jenen Sonderlingen, fast möchte man vermeiden zu sagen Menschen, die sich gegenseitig Angst
machen.

Geburtstagskind: Solange wir noch miteinander reden, machen wir einer dem anderen Angst. Was für eine verquere,
böswillige moralische Turnübung. Verklärt sterben? Special
training.

Gutmeinender II: Wir sterben einverstanden, rational.

Der es gut meint: Jeder weiß: es wird gestorben, dann oder
dann.

Mü-Partei: Betreiben wir doch keine verzagte, aufsässige To-
desartistik. Wir in der Mü-Partei legen Wert auf klare
Köpfe.

Geburtstagskind: Die Gegenwart des Elenden ist dem Glücklichen zur Last. Goethe, hm? Oder so ähnlich, aber weiter: Und ach! Der Glückliche dem Elenden noch mehr. Ha, ich werde dauernd vernünftiger, ich frage also: aber wer ist denn dann noch elend und wer glücklich?

DER ES GUT MEINT *gleichgültig:* Schlampe. So oder so ist einer dem anderen zur Last.

GEBURTSTAGSKIND: Sag ich ja. Der Elende dem Glücklichen, der Glückliche dem Elenden – und du, der du's gut meinst, du bist somit auch kein Glücklicher, du bist somit auch ein Elender. Pardon. Tut mir leid. Sorry, es tut mir wirklich leid.

Musik: »*Weicht, ihr Trauergeister*« *aus* »*Jesu meine Freude*« – *bis irgendwohin.*

GUTMEINENDER II: Daß unser Geburtstagskind gelegentlich zu denken versucht, scheint evident.

DER ES GUT MEINT: Der Erfolg ist kaum je allerdings gewährleistet.

FACHMANN: Von den Denkübungen in Moll rät der Fachmann ab. Ich halte sie, die Geburtstagspatientin, für rückfällig, für klinikreif. Ihre Emotionen zeigen ja ein geradezu karzinöses Verhalten. Es gibt einen Freiplatz in der geschlossenen Abteilung. Der Taunus ist nett. Das Nahetal ist auch nett.

GEBURTSTAGSKIND: Virginity causes cancer.

DER ES GUT MEINT: Du und Virginity! Du bist mit einem Typ rumgezogen. Du hast auf Kosten der Lebensjahre deiner heißgeliebten paar Personen gelebt. Wer ins Grab fällt, fällt durch dich, und zwar vorzeitig.

MÜ-PARTEI: Frauen, die ein Wanderzirkusleben führen *eine andere* – und nicht mal Mütter sind – *eine andere* – und mit diesem Typ da, mit diesem Wrack da . . . *eine andere, hochnäsig.* Zum Glück wissen wir's nur vom Hörensagen. *Eine andere.* Es stinkt aber bis hierher.

DER ES GUT MEINT: Calvin: verdammte Selbstliebe. Du hast das dann mit unserer Hilfe gerade noch zuguterletzt mitgekriegt.

GUTMEINENDER II: Sie mit Ihrer Sympathie für Ruinen.

DER ES GUT MEINT: Bei einem völligen Fehlen an Interesse für alles Historische. Ja, Ruinen, in somatischem Gebäude, so daß man sie notgedrungen Menschen nennen muß, aber das Gebäude ist an sämtlichen Ecken eingestürzt, die somatischen Mauern sind rissig. Es dauert nicht mehr lang.

GUTMEINENDER II: Wiederaufbau lohnt sich nicht.

DER ES GUT MEINT: Sokrates zog den Tod einem Zustand vor, in dem durch einen Kompromiß mit der Wahrheit das Gewissen verraten wird.

FACHMANN: Vom Gewissen haben auch wir Fachleute nur verwirrende Vorstellungen. Es ist in der Vielzahl seiner empirischen Manifestationen etwas Schillerndes.

MÜ-PARTEI *hochmütig:* Nun, da sind wir von der Mü aber wesentlich weiter. *Eine andere.* Nichts schillert da uns so.

GUTMEINENDER II: Das Rechte zu beurteilen und zu wollen, genügt nicht. Das wäre bloß die Synderisis der Scholastiker.

GEBURTSTAGSKIND: Ein Spaziergang, schöne Gegend. Das Grün fängt an. Verschließ die Augen vor diesem Schönen. Während sie dort sitzen, vom Leid zermalmt und von jeder Erleuchtung verlassen . . .

DER ES GUT MEINT: Aber vorm Bildschirm und mitten in der Fleischwurst.

GEBURTSTAGSKIND: Das unübersehbare Grün, das Schöne, ich gehe hindurch . . .

DER ES GUT MEINT: Es geht dir gut!

GEBURTSTAGSKIND: Ich sehe hindurch, ich sehe es aber, mich rettet nur die Stimme in mir: Genieß es nicht, genieß es nicht.

GUTMEINENDER II: Unter gewissen Umständen ist das Streben nach Glück sogar Pflicht. Kant, soviel ich weiß.

FACHMANN: Es ist aber niemals tugendhaft, es ist ethisch belanglos, weil der von Natur aus glücksüchtige Mensch von Natur aus danach strebt.

MÜ-PARTEI *eifrig:* Andern Glück wünschen, das ist ethisch wertvoll. Wir haben eine Glückskartei.

GEBURTSTAGSKIND: Genieß es nicht, genieß es nicht. Ich wünsche euch Glück.

DER ES GUT MEINT: Ich überführe dich erneut: damit du selber Glück ergattern kannst, nur deshalb wünschst du andern Glück.

MÜ-PARTEI: Wir versenden täglich Glückwunschadressen, einfach so, aber nach Verdienst, das schon, der Personenkreis ist ausgewählt.

GUTMEINENDER II: Und jene somatische Ruine hat verkündet: Wenn ich gefragt würde, willst du noch einmal leben, ich würde sagen, ja, weil. Das Geburtstagskind war so einfallsreich unter dem Eindruck dieses pathetischen seraphischen billigen Gehirnsports, es sagte, ja, ich auch, weil.

FACHMANN: Es wird dem Menschen tatsächlich kinderleicht gemacht, sich zu verlieben. Seine Verlassenheit und sein Nisus sexualis machen ihm das tatsächlich verdammt leicht.

MÜ-PARTEI: Ich erhebe Einspruch. Für uns gilt das nicht. *Eine andere.* Geschlechtstrieb, tzzz. *Eine andere.* Männer! Phh.

FACHMANN: Eine mysteriöse Anziehungskraft ist nicht im Spiel.

DER ES GUT MEINT: Psychotische Personen, die sich lieber ein paar Millimeter ü b e r dem Erdboden aufhalten, erfinden sich das Mysterium hinzu. Dann können sie jederzeit von Schicksal quasseln.

MÜ-PARTEI: Sie können sich jederzeit aus sämtlichen moralischen Bindungen herausmogeln.

GUTMEINENDER II: Sie gurgeln sich gegenseitig ihre egoistische –

MÜ-PARTEI: – ihre elitäre und egoistische –

GUTMEINENDER II: – ihre Pseudo-Mystik vor. Eine erbärmliche philosophische Gymnastik.

GEBURTSTAGSKIND: Die Gartentür, es klingelt. Ich sehe in den Vorhof hinunter. Mein Vater geht, ziemlich klein, voraus. Im etwas vorsichtigen, etwas ängstlichen Gesicht ein Ausdruck, der schon längst und von vorneherein um Verzeihung bittet. Er will ganz kühn sein. Er will sagen, es ist alles in Ordnung. Dein Bruder ist gar nicht krank, zumindest nicht so krank. Er hat ein bißchen Theater gemacht.

DER ES GUT MEINT: Theater! Ja. Ihr macht euch einfach die Wirklichkeit zum Theater. Bequem. Verlogen.

GEBURTSTAGSKIND: Dein Bruder hat einen der besten Intelligenzquotienten, also. Es war eine heilsame Krise. Er wird Auto fahren lernen. Er wird schwimmen lernen. Er wird lernen, leiser zu sprechen. Er hat die Rolle abgelegt. Es ist nun gar nicht mehr so.

DER ES GUT MEINT: Er wird lernen, immer besser zu klauen.

GEBURTSTAGSKIND: Hinter meinem Vater und seinem dreisten Schmerz geht mein Bruder, er ist noch größer als sonst, sein Haar ist kurz und komisch geschnitten, ein schwarzes Anstaltsbüschel.

DER ES GUT MEINT: Er wird lernen, immer besser zu lügen.

GEBURTSTAGSKIND: In seinem Gesicht finde ich nichts. Er schleppt sein gesamtes Inventar zu uns. Unter den Sachen, dem Mobiliar, den Büchern und Zeitschriften und Vogelkäfigen befindet sich das Puppenhaus von früher, aber es ist viel größer als früher, das Puppenhaus ist so groß wie ein Schrank.

FACHMANN: Die Heilprognosen sind in derart gelagerten Fällen nicht besonders rosig.

GEBURTSTAGSKIND: Wir stehen jetzt mit dem ganzen Zeug herum. Mein Bruder sagt: Ich brauche das alles nicht mehr.

DER ES GUT MEINT: Panikmache.

GEBURTSTAGSKIND: Wir bedenken die Unbrauchbarkeit für uns schonungsvoll, du und ich. Wir haben überhaupt keinen Platz für diese Unmengen.

DER ES GUT MEINT: Träume verraten die Wahrheit. Du siehst mich also s c h o n u n g s v o l l im Traum, he?

GEBURTSTAGSKIND: Wir reden beinah nichts. Mein Vater hat es eilig, damit weiter beinah nichts geredet wird, er verabschiedet sich dauernd. Mein Bruder verabschiedet sich nicht und geht. Ich denke zu spät daran, meinen Vater und meinen Bruder an die Haltestelle zu begleiten. Sie haben einen weiten Rückweg. Das Auto steht so herum.

DER ES GUT MEINT: Wenn ich es wahrscheinlich eben habe waschen lassen . . .

GEBURTSTAGSKIND: Das Auto steht nutzlos herum.

DER ES GUT MEINT: Unsinn. Es wird täglich benutzt, aber nicht für jeden Unsinn.

GEBURTSTAGSKIND: Wir fahren den beiden nicht nach. Sie entfernen sich ohne Gepäck.

MÜ-PARTEI: Die Abschaffung der Männerwelt steht unmittelbar bevor.

DER ES GUT MEINT: Nun befindet sich auf deiner endlich fertiggestellten Gästeliste auch nicht einer, dessen wir uns schämen müßten, da du sogar freiwillig den Bruder weggelassen hast.

Mü-Partei: Die Welt wird dann reinlicher sein.

Der es gut meint: Diese Personen, die sich's alle prima haben einrichten können, sogar in letzter Minute, deine mißlaunigen Obertöne überhörend, werden alle einen guten Eindruck machen, einer auf den andern, was gottlob nicht verhindern wird, daß sie sich gehörig und in den Grenzen der zivilisierten Mechanismen streiten, abschlachten und sauwohl fühlen werden.

Mü-Partei: Und hier eine Empfehlung fürs Abendgebet, sofern Sie ein Kind haben und ein weiteres erwartet wird, künstlich oder biologisch, egal. Der oder die Kleine spricht am Schluß besonders herzlich: Und bitte, lieber Gott, mach, daß das Mutterkorn im Bauch schön gedeiht oder aufgeht oder so. *Eine andere.* Für Ungläubige: lassen Sie einfach den El-Bee-Gott weg, geht auch ohne. *Eine andere.* Irgendein Bittgesuch sollte aber auch bei Ungläubigen am Abend ausgesprochen werden. Schon zur fundamentalen Gründung eines Glaubens an Autorität und dergleichen.

Der es gut meint: Oder die Tabelle »ausbeuterische Orientierung«. Positiver Aspekt: Stolz. Negativer: eingebildet. Positiv: impulsiv. Negativ: unbesonnen. Positiv: gewinnend. Negativ: verführerisch. Wie gesagt, ich halte mich mit diesen paar Beispielen noch immer sehr zurück.

Mü-Partei: Das Duett der Siamang-Affen. Sein Zweck: Fortbestand der Freundschaft und der Sympathie der Ehepartner außerhalb der Fortpflanzungsperiode. Ist das nicht hübsch? *Eine andere.* Diese Affen bringen es sogar zu Quartettgesängen. *Eine andere.* Zu Chorälen aus Lachen, Bellen, Gekekker, Jauchzen. *Die erste.* Probieren Sie das zu Haus zunächst in der Zweierpartnerschaft, sodann in der Gruppe mal aus.

Musik: »Warum sollt ich mich denn grämen« – abgelöst von Beat.

Der es gut meint: »Hamsterorientierung.« Ich stehe unter der

Rubrik »positiv«, etwa bei »geduldig«. Da findet man dich
auf der Gegenseite, und dein Prädikat heißt »lethargisch«!
Weiter. Bei mir: »methodisch«. Du aber bist »besessen«,
»standhaft«, »zäh« – du aber bist »eigensinnig«.

GUTMEINENDER II: Kaplan tödlich verunglückt. Morgen Schul-
anmeldung. Infantilität entlastet den Mörder. In die Natur
statt in die Wahlkabinen.

DER ES GUT MEINT: »Markt-Orientierung«. Anstatt »jugend-
lich« zu sein, bist du »kindisch«. »Anpassungsfähigkeit«
heißt bei dir »Wahllosigkeit«. »Witzig« ist bei dir »Töricht«.
»Großzügig« – »Verschwenderisch«.

GUTMEINENDER II: Neue Chancen für Behinderte. Gegen Miß-
brauch von Rauschgift. Neue Berliner Straßenschlachten.
Ultraschall in der Geburtshilfe.

DER ES GUT MEINT: »Aufgeschlossen« – du aber besitzt keine
Grundsätze, kein Gefühl für Werte. Es ist möglicherweise
schade um dich. Laß dir möglicherweise von uns helfen.

MÜ-PARTEI: Reisen sie in der DB? Da lesen Sie den nützlichen
Text der Stromerzeuger-West-Werbung: »Moderne Frauen
finden überall Anschluß. In Klammer: durch Strom. Denn
Strom gibt es überall.«
Nett, was?

GEBURTSTAGSKIND: Die zivilisierte Gewohnheitstrunksucht
meiner Gäste wird sich auf die Geburtstagsgesellschaft bele-
bend auswirken. Die Schwierigkeiten der Nacht und des
nächsten Tags zwar bedenkend, trinke ich selbstverständlich
am meisten.

DER ES GUT MEINT: Stockbesoffen.

GEBURTSTAGSKIND: Stockbesoffen, okay, ich lasse mich vollau-
fen wie immer und wie mit der Angst, mit dem Glück, mit
dem Elend, mit der Idiotie . . .

DER ES GUT MEINT: Wie immer in deinem Zustand Übertrei-
bung. Drecksau.

GUTMEINENDER II: Jeder zweite Krebskranke könnte geheilt
werden. Zittrige Börsenkurse. Fünfzig Jahre Organisations-
bund der Hirnverletzten. Ich meine es gut. Lesen Sie doch
ebenfalls die Tageszeitung. Es regt an.

GEBURTSTAGSKIND: Das niedliche, aufs Niedlichste störende,

hin und wieder niedlich zerstörerische Kleinkind nuckelt Saft oder nichts. Der Kretin wird keine Gelegenheit zu zerstörerischem Besäufnis haben. Er würde immer noch einen Schluck nehmen, Saft, Sekt, Bier, Urin. Der nicht anwesende Kretin verabschiedet sich freundlich. Das sieht blöd aus. Das anwesende Kleinkind verabschiedet sich nach zahlreichen liebevollen und entzückenden Überredungen, es gelingt sogar, ihm einen Knicks abzufordern, nun knickst es nochmals in der ganzen Gesellschaft rum. Das sieht blöd aus. Das sieht aber verdammt niedlich aus.

DER ES GUT MEINT: Man kann sämtliche Antiquitäten, und was das Kleinkind sonst noch nicht anfassen soll, außer Reichweite, also hoch stellen.

MÜ-PARTEI: Auf der Hut vor dem niedlich zerstörerischen Erkenntnistrieb des Kleinkinds.

DER ES GUT MEINT: Vor dem Kretin kann man gar nichts hoch oder weg stellen. Da ist alles in Gefahr.

GEBURTSTAGSKIND: Ich bin die Gäste los. Es war höllisch nett. Es war verflucht gelungen. Jetzt hocken sie wieder da, wohin sie gehören, sofern keine Einladung vorliegt, und metzeln im Gerede aneinander herum.

GUTMEINENDER II: Und schlagen Sie nunmehr wieder die Tageszeitung auf, ein sicheres Stimulans.

DER ES GUT MEINT: Und sie wird dann auch hoffentlich den Mund halten.

GEBURTSTAGSKIND: Es war so richtig zufriedenstellend. Es gab so richtig viel Stoff für üble Nachrede.

FACHMANN: Aussprachen sind gesund.

GUTMEINENDER II: Ertrunkene Kinder geborgen. Sorge um das Eigentum.

GEBURTSTAGSKIND: Sie haben sich, um nun so richtig einer über den andern herfallen zu können, ganz verdammt zufrieden gefühlt.

GUTMEINENDER II: Irdische Bakterie, eine von denen, die sich in beinah jedes Menschen Nase, Rachen, Mund befindet, nach drei Jahren lebend vom Mond zurück. Auch die Geliebte kann erben, wenn nicht ausschließlich unsittlich-sexuelle Beziehung vorlag. Wein schlimmer als Schnaps.

156

FACHMANN: Wobei es sich um die Histamine handelt.

MÜ-PARTEI *Zuruf:* Mehr Milch trinken!

GUTMEINENDER II: Der nächste Winter wird teurer. Keine Angst vor Krebs?

GEBURTSTAGSKIND: Ich werde mich mit dem fundamentalen Alleinsein und der Verlassenheit abfinden.

FACHMANN: Die Menschen leben frohgemut gegen die Statistik ihrer Lebenschancen an.

MÜ-PARTEI: Lieben schließt Arbeit, Besorgtheit und Verantwortungsgefühl ein. *Eine andere.* Fürsorge!

GEBURTSTAGSKIND: Ich werde mich mit der Indifferenz der Welt den Personen gegenüber abfinden.

FACHMANN: Die Menschen rauchen, sie essen Geräuchertes, sie gehen nicht zum Arzt.

GEBURTSTAGSKIND: Die Angst macht mir Mut. Aus Angst sich's wohlsein lassen.

DER ES GUT MEINT: Du wirst völlig erledigt sein, k. o., abgeschlafft.

FACHMANN: Sie werden sich mit einem schönen verschwitzten Alptraum in Ihr neues Lebensjahr hineinschlafen.

GUTMEINENDER II: Wir werden es gut gemeint haben.

MÜ-PARTEI: Wir meinen es gut.

DER ES GUT MEINT: Wir haben es gut gemeint. Jetzt warten wir nur noch darauf, daß wir dich auch wieder achten können.

GEBURTSTAGSKIND: Ich werde anerkennen, daß es keine den Menschen transzendierende Macht gibt.

DER ES GUT MEINT: Ohne die Achtung und das Verständnis, das wir vorerst für dich wohl noch schwerlich aufbringen können, bleibt unsere Liebe in der Nähe von Besitzgier und Herrschsucht.

GUTMEINENDER II: Da wir es gut mit Ihnen meinen, wollen wir das gar nicht.

FACHMANN: Sie müssen sich aber auch achten und verstehen lassen.

GEBURTSTAGSKIND: Ich werde einsehen, daß keine solche Macht, da es sie ja gar nicht erst gibt, mein Problem für mich lösen kann.

DER ES GUT MEINT: Du wirst die einzige Lösung wählen: der Wahrheit ins Auge sehen.

MÜ-PARTEI: Aber furchtlos, bitte. Nochmals: wie wär's, wenn Sie sich uns durch Mitgliedschaft anschlössen? Der Beitrag wird Ihren Etat nicht belasten. *Eine andere.* Wir verwirklichen, was Sie anstreben müssen. *Eine andere.* Wir leben furchtlos. *Eine andere.* Wir leben produktiv. *Eine andere.* Mit den Sojabohnenwürstchen bleiben wir schlank und mobil.

GEBURTSTAGSKIND: So. Hier. Bitte. Offene Augen. Mir gegenüber: die Wahrheit, überhaupt nicht unscharf, leider.

FACHMANN: Sie geben sich Mühe. Sie nähern sich dem Bereich, in dem wir Sie finden und achten können. Sie werden aufhören, unzufrieden, angsterfüllt und ruhelos zu sein.

MÜ-PARTEI: Wir haben noch jede dahingebracht, wo sie aufhört, sich psychologischen und sozialen Verhältnissen gegenüber skeptisch zu verhalten. *Eine andere.* Und verkrampft. Bezweifelnd. *Eine andere.* Und distanziert.

GUTMEINENDER II: Ich zitiere frei aus einem Gutachten der Dramaturgie des SWF: Ihre eigenen Strukturen erweisen sich als hartnäckiger, Erfolge mit Ihnen – Kurerfolge und so weiter – setzen wir in Anführungszeichen, Sie bleiben affirmativ. Die gesellschaftlichen Implikationen und so weiter, die Abschaffung der Ursachen, der revolutionäre Ansatz an der Basis wird immer wieder von Ihnen durch die Reduzierung auf das existentielle Schnittmuster vernebelt.

DER ES GUT MEINT: Du mußt dich mal richtig revolutionär verhalten.

GUTMEINENDER II: Und weiter, die Dramaturgie des SWF: Es bleibt alles beim alten, beim gehabten Idealismus, und als Ausweg bieten sich lediglich an: Skepsis und Resignation.

MÜ-PARTEI *Zuruf:* Pfui!

FACHMANN: Eigentlich geht das alles niemanden was an. Eigentlich sind Sie überhaupt nicht von Belang. Sie sind eigentlich nicht allgemeinverbindlich, also nicht relevant in einem zeitgenössischen Aspekt.

MÜ-PARTEI: Es gibt für uns überhaupt keine Möglichkeit zum Nachvollzug, wenn wir Sie so überdenken und so.

GEBURTSTAGSKIND: Das freut mich.

DER ES GUT MEINT: Schlampe. Benimm dich wenigstens noch in diesen letzten paar Minuten, die wir dir opfern. Bezüglich deines heutigen Geburtstags warst du weder heroisch noch sonstwas Außergewöhnliches.

GUTMEINENDER II: Ähnlich wie im Fall mit der somatischen Ruine.

DER ES GUT MEINT: Du hast dich nach störrischem Zögern schließlich ganz einfach soziologisch verhalten, indem du die Ruine eines Tages einstürzen ließest, indem du deinen Geburtstag einem dir verordneten Personenkreis zur Verfügung gestellt hast.

GUTMEINENDER II: Einem Personenkreis, der an diesem Abend seinen Anlaß braucht, in aller Ruhe und Gereiztheit übereinander herzufallen.

DER ES GUT MEINT: Es war für alle recht hübsch in deiner Konfliktkulisse. Es war fast idyllisch in deiner Konfliktkulisse.

GEBURTSTAGSKIND: Ich weiß deine Werke, daß du weder kalt noch warm bist.

Musik: sanfter Beat – oder etwa wieder Peter, Paul and Mary – dann gesteigert in was Rock-Hartes.

GEBURTSTAGSKIND: Offenbarung drei, fünfzehn.

MÜ-PARTEI: Fängt sie wieder an? *Eine andere.* Geht es wieder los damit? *Eine andere, streng.* Fangen Sie wieder an?

GEBURTSTAGSKIND: Der Kretin schläft soundso. Das Kleinkind schläft soundso. Mit jedem Wort, das ich spreche, meine ich etwas.

DER ES GUT MEINT: Du mußt das Richtige meinen.

GEBURTSTAGSKIND: Das Wort steht zwischen meinem Bewußtsein und dem gemeinten Gegenstand. Niedlich und saublöd. Das Wort trennt und verbindet. Daß es hundsgemein und hochanständig war, den Kretin nicht einzuladen, daß es verdammt lästig und entzückend war, das Kleinkind einzuladen, daß es so war, wird man sowieso bald genug vergessen.

DER ES GUT MEINT: Haargenau.

GUTMEINENDER II: Sie sind schließlich nicht der Mittelpunkt der Welt.

DER ES GUT MEINT: Du bist nicht Zentralafrika.

GEBURTSTAGSKIND: Ach, daß du kalt oder warm wärest. Offenbarung drei, fünfzehn.

Pause, irreale Geräusche, anfangen, und bis zum Schluß lauter werdend: Versus II.

FACHMANN: Na gut. Fangen wir von vorne an. Wir versuchen es erneut. Was ist mit dem Freiplatz in der geschlossenen Abteilung?

GEBURTSTAGSKIND *nach einer Pause, entschlossen, fast heiter:* Ich stimme zu. Es ist vielleicht noch nicht zu früh.

Erstsendung: 30. Juni 1971
Produktion des WDR/RIAS

Tod in Basel

Personen

I
II
III
Anonym

I: Mitgelitten, verdammt, ja. Aber immer weiter J A dazu gesagt.

II: Die Wahrheit ist konkret. Lenin.

I: Unglaubwürdig gewesen sein und geschont haben. Glaubwürdig gewesen sein und zu Tode erschreckt haben. Aktionen als brutal und nützlich empfinden und unter ihnen leiden und sie durchführen und doch immer weiter nicht ganz zusammenbrechen. Aber immerhin: beinah.

ANONYM: Hühner sind leicht verschnupft.

I: Ziemlich ausreichend zusammenbrechen.

II: Aber nicht ganz.

ANONYM: Die Nasenlöcher der Hühner werden feucht, Futterreste und Staub bleiben kleben.

II: Du zelebrierst deine Hinfälligkeit. Du wirst immer wieder davongekommen sein.

ANONYM: Das alles erschwert die Atmung der Hühner. Jetzt an die Endmast von Enten und Puten denken. Jetzt beim Bäumepflanzen an Quitten denken. Jetzt an neue Befruchtungsverhältnisse denken. Jetzt an das Ergebnis von Tätigkeit und Gewohnheit denken.

II: Jetzt gleich an das Glück denken, ist gleich an Aristoteles denken.

I: Gegen verstörte Gesichter ansprechen. Verdammt ja, pathologische Zusammengehörigkeit, wie verdammt gern wir uns haben. Unsere verdammte schöne reziproke Liebe: widerstandsfähig imprägniert gegen Entsetzen, Verschulden, Versagen. Keine Vernunft zieht dem verschwörerisch verknoteten Gefühlsmonstrum den Boden weg.

ANONYM: Lesen Sie doch mal das Buch: Der Mensch schuf sich den Affen.

I: Und die Angst. Und die Furcht. Der Gegenstand ist nicht da. Der Gegenstand ist da. Das Gebräu aus Angst und Furcht.

III: Es bekommt Ihnen aber, zumindest leidlich. In Ihrem Negationsnest kauern Sie leidlich friedlich Ihre Frist ab.

II: Du willst nicht verstören, um nicht verstört zu werden.

ANONYM: Pflanzen wehren sich lautlos. Pflanzen wehren sich mit selbstgemachtem Gift. Die Lilie kann vergiften und sich vor ihrem eigenen Gift schützen.

163

I: Ich sterbe soeben. Es ist ein Bett in Basel. Es ist Oktober. Es ist ziemlich angenehm. Mir kommt die Zukunft aus dem Kopf. Mir bleibt von der Gegenwart noch eine schläfrige, sanfte Spanne. Es kann sich nicht mehr allzu lang hinziehen. Mein unerwarteter, mein unerwartet friedlicher Tod in Basel. Ich bin entlassen. Ich fange an aufzuhören, ich höre auf anzufangen, mein geburtstägliches Todesurteil wird in aller Ruhe und Übereinkunft vollzogen, ich brauche mich nicht mehr zu verhalten, mich wird keiner mehr strafen, ich bin kein Zeuge mehr, immer müder denke ich meinem Denken hinterher, aber kaum noch, und ich hole es nicht mehr ein, ich bleibe immer weiter zurück, ich entferne mich, liegend, zusehends schneller und ohne Bewegung.

III: Daß Sie's mit dem Autogenen Training anscheinend schon ziemlich weit gebracht haben, ist bei Ihrem Typ erstaunlich, aber vorwiegend erfreulich.

II: Du bist ja aufgestanden. Du läufst ja durchs Zimmer. Du läufst ja durch Basel.

I: Ich bin eins unter anderem.

III: Dieser Verwandte muß in eine Anstalt. Diese Verwandten des Verwandten müssen die Wirklichkeit sehen und daraufhin handeln. Diese Verwandten dürfen nicht Tränen und Seufzer vor die Wahrheit hängen.

ANONYM: Von Ratten adoptierte Mäuse sind nicht mehr länger aggressiv. Es gibt wissenschaftliche Ermittlungen in Richtung auf das Erfreuliche. Noch und noch.

Musik: Rezitativstelle »Mein Gott, wo bleibt das Schöne nun . . .«

III: In der Anstalt wird man diesen Verwandten möglicherweise noch zurechtbringen. Die zivilisationstrübe Haltung dieser Verwandten, Komplizen des kranken Verwandten, indem sie untätig sind, ist unvertretbar. Es ist unvertretbar, daß Sie es Ihrem Bruder genehmigen, sich in seinem Wahn wohler zu fühlen als in der Wirklichkeit.

II: Willst du, besoffen von deinem Angst-Furcht-Liebe-Fusel, daß dein Bruder sein Leben verpaßt?

I: Das verordnete, saublöde, ergebnisreiche, gutverdau-
liche, happige, gesundheitsförderliche, sterbenskranke,
hamsterfrohe, zweckreiche, zwecklose, von A bis Z tödliche –

II:– und, wenn du mal ehrlich bist, immerhin ausreichend schöne Leben der Personen, die sich darauf eingelassen haben,
die eingewilligt haben –

I: die es saublöd und tüchtig und mit List und Tücke hinnehmen
und hinkriegen.

II: Nun eben: das L e b e n – willst du das, willst du, daß er das
Normale verpaßt?

I: Will ich, daß dieser Verwandte auf diese Verwandten mit
dem Messer losgeht? Will ich, daß mein in der Sucht theatra-
lischer Bruder meinen in der Angst ratlosen Vater, aufge-
hängt an seinem Bein, über die Brüstung auf den Asphalt
hinunterzerrt, am sinnlosen Ende von ihrer beider sinnlosem
Umweg zum Tode?

II: Schließlich hat Sigmund Freud die Zivilisation bejaht.

I: Will ich, daß m e i n B r u d e r v e r b l ö d e t?

*Musik: Violinstelle aus der Kantate Nr. 147 »Jesu bleibet meine
Freude« von Johann Sebastian Bach.*

ANONYM: Modenschau für Blinde. Fünfzig Jahre Organisa-
tionsbund der Hirngeschädigten. Ein Heim für die Heber,
und auch die Ringer sollen bald unter Dach kommen. Nichts
Wertvolles ist leicht.

I: Ein schneller Austausch von elektrisch positiv geladenen
Teilchen, Kalium- und Natrium-Ionen, findet soeben bei mir
statt: eine Nervenbahn ist erregt. Vermutlich d e n k e ich.
Fest steht: ich leide. *Ruft, anderer Tonfall.* He, ich leide, ich
leide aber.

II: Das ist ungenau. Das ist außerdem, richtest du dir das
Leiden als Zustand ein, deine Schuld. Du wirst ruhelos,
angsterfüllt, unzufrieden bleiben. Du mußt die einzige Lösung ins Auge fassen, indem du nämlich die Wahrheit ins
Auge faßt.

III: Versuchen Sie es doch mal mit der Angst-Droge. Diesem

Verwandten könnte, wie schon anderen Zivilisationsabtrünnigen, mittels der Angst-Droge geholfen werden. Sie bessert kriminelles Verhalten.

II: Sie versetzt ziemlich rasch, bei gleichzeitiger Muskelentspannung, in Todesangst, in der dieser Verwandte sich ohnehin befindet, aber nicht in der richtigen, von der Gesellschaft bejahten.

III: Es kommt zu zweiminütiger Atmungs- und Bewegungsunfähigkeit bei vollem Bewußtsein. Wozu nunmehr der Therapeut den Patienten auch auffordert, der Patient willigt ein, verspricht für immer, gelobt.

ANONYM: Münchens Turnerfreunde trauern. Niederlande definieren Pornographie in Bildern.

III: Indem Sie sich mit dem fundamentalen Alleinsein und der Verlassenheit in der Welt abfinden, werden Sie reifer urteilen. Die Welt ist dem menschlichen Schicksal gegenüber indifferent, Sie müssen anerkennen, daß es so ist, wie es nicht sein darf, aber sein soll.

I: Mein Denken ist eine ektrochemische Katastrophe.

II: Dein Denken ist pure Chemie, es ist nichts weiter los damit, bilde dir nur nichts Individualistisches ein, wir alle sind einander gar nicht so unähnlich in der ganzen längst ermittelten, überhaupt nicht mysteriösen Seins-Chemie.

I: Ich denke von Schock zu Schock.

II: Deine Nervenzellen müssen wie andere, also wie unsere Nervenzellen auch, Schaltstellen benutzen, die den Kontakt zwischen zwei Zellen herstellen. Sodann geht es los mit dem Denken. Sodann geht es los mit der allgemeinüblichen Vernunft. Nun funktioniere mal schleunigst.

ANONYM: Urfloh entdeckt. Der Stammvater der Höhe lebte wahrscheinlich in Australien.

II: Deine Verzweiflung ist nichts als Biochemie. Stoffwechseltränen.

I: Wir sind in diese ländliche Kneipe eingetreten. Der Bruder war ganz normal. Wir haben in der Kneipe auf den Bus gewartet. Der Bruder hat erst dann so idiotisch laut gesprochen, als der Wirt mit einer Weinflasche kam. Der Bruder hat gar nicht so viel getrunken. Der Bruder hat mitten in einem seiner gebrüllten Sätze den Kopf verdreht und nur noch sprachlose Laute erzeugt. Der Bruder hat unbedingt wissen wollen, was wir denn dabei fänden. Der Bruder hat mit seinen sprachlosen Kaubewegungen aufgehört und die Kiefer aufeinandergedrückt. Der Bruder hat nun wie eine gebißlose Greisin ausgesehen. Wir haben den Wirt veranlaßt zu telefonieren. Der Bruder hat sich mit verpetztem Mund in die apathische Phase gerettet. Jetzt sieht man besser an ihm vorbei. In dieser Gegend gibt es vielleicht überhaupt keinen Arzt.

II: Nicht nur Vögel, zum Beispiel Krähen, und nicht nur Menschen sprechen verschiedene Dialekte, dies tun auch See-Elefanten: hör auf ihr Drohgeschrei. Unternimm was. Halt dich da nicht raus. Du kannst übrigens den ganzen Kram schon als Embryo geträumt haben. Mit dem Träumen fängt es an. Erst dann wird gelutscht. Von dir könnte man etwas mehr Evolution erwarten.

I: Jetzt sitzt mein Bruder im Gebüsch. Es ist eine Schilfgegend. Es ist sommerlich. Er geht schon längst nicht mehr in die Schule. Einer seiner Lehrer hat den einen seiner Klassenbesten auf die Suche nach ihm geschickt. Der ausgeschickte Schüler ist ein ganz stumpfsinniger, akzeptabler, ausgeschickter Schüler, der zwischen Recht und Unrecht ganz stumpfsinnig exakt unterscheiden kann. Er findet meinen Bruder, der schon friedlich hinüber ist, der sich inmitten von Pflanzen und Wahn wohlfühlt, mein Bruder im hochdifferenzierten Gebilde von Schilf und Psychose, im psychischen Abwehrsystem, darin er sich auskennt. Der ausgeschickte Schüler übermittelt dem Bruder die dringende Aufforderung des Lehrers, in den Unterricht zurückzukehren. Mein Bruder antwortet freundlich, er habe bedauerlicherweise keine Zeit. Nach einigen Medikamenten sei er nun gezwungen, den hochprozentigen Alkohol zu sich zu nehmen. Während der ausgeschickte Schüler auf dem Rückweg in die Schule, die mein Bruder längst nicht mehr besucht, sich stumpfsinnig froh die verhöhnende Auskunft überlegt, im voraus das Schimpf- und Spottgelächter der Lehrer und der Schüler im Ohr, hat mein Bruder wieder einen seiner Erfolge aufgrund lebenslanger intensiver Arbeit hinter sich, Arbeit mit dem Wahn und mit der Isolation, sein Wahn ist ein kompliziertes Kunstwerk.

II: Und schon wieder glaubt deine Mutter deinem Bruder aufs Wort und alles. Sie geht auf die Wiederholung ein, sie glaubt ihm erneut zum Beispiel ausgefüllte Testbogen, sie glaubt deinem Bruder die Vorlesungen, die er nicht besucht.

III: Die Zulassungen, die er nicht besitzt, die Fahrstunden, die er nicht absolviert –

II:– denn er braucht jegliche finanzielle Unterstützung in seinem mit dem Suchtmittel kopulierten Wahn. Und schon wieder läßt deine Mutter deinen Bruder den Fisch einkaufen, zwischen den aus Angst geglaubten Beanspruchungen der nicht wahrgenommenen Daseinsschauplätze für Gesunde und Normale. Dein Bruder, den du nur noch in deinen embryonalen Träumen zu ermahnen wagst.

I: Ich habe meinen Bruder im Schilf gefunden, ich habe ihm gesagt: willst du denn, daß jeder Trottel über dich lachen kann.

ANONYM: Meist ist so viel seelische Energie in den Wahn investiert worden, daß für andere Lebensbezüge nicht mehr viel übrig bleibt. Deutscher Tourist beißt vatikanischen Wachbeamten.

I: Während ich mein Existieren betrüge, sagt mein Bruder seinem Existenzieren die Wahrheit. Mein Bruder ist eine Schnecke. Das Suchtmittel ist sein Haus. Aber von Zeit zu Zeit blickt er hervor.

III: Robuste, informationsüberflutete, laute, lieblose Außenwelt, Verarmung der sozialen Kommunikation – und schon erbaut sich der Labile sein traumhaftes Universum.

I: Ich unternehme die tägliche Schwierigkeit zu existieren, ich pflege den Umgang mit Hunderten von Kopfmogelein, ich verteile sie auf Tage und Nächte . . .

II: Ja, und so kriegst du das Existieren ganz passabel hin.

I: Jemand, der jemandes Melancholie als Selbstgefälligkeit diffamiert. Jemand, der an berühmten Melancholien berühmter toter Melancholiker bloß herumschnüffelt, Epigone der Melancholie. Kierkegaard und sein Lebensziel: Lebensüberdruß. Jemand, der dies nachmacht. Jemand, der jemandes Melancholie als Derivat-Melancholie anschwärzen und abschwächen will. Und schon wieder laden diese Verwandten mich zum Tee ein. Dieser Verwandte ist ja jetzt nachmittags gar nicht mehr zu Haus. Keine Angst, du wirst ja deinen Bruder gar nicht bei uns antreffen, du kannst also kommen. Jemand, der es mit jemandem gut meint.

II: Viele meinen es gut. Wir alle meinen es gut. Alle, die es gut meinen, meinen es gut und deshalb also. Deshalb also aufschrecken. Deshalb also nicht aufschrecken.

III: Deshalb also etwas verändern. Deshalb alles so lassen.

II: Alles in allem: mal Schluß d a m i t und d a m i t. Raff dich auf zu gar nichts.

I: Zwei Todtraurige in einer Stadt. Wird es besser, wenn sich die tödlichen Traurigkeiten zusammentun? Aber mein Bruder kann nicht mehr von dort zurück. Er kennt längst den Sinn seines Wahnsystems, es bietet für sein wackliges seelisches Gleichgewicht viel mehr als der Bezug zu uns, als der Bezug zur Realität. Er erinnert sich immer blasser an die grausigen Erfahrungen mit der Realität. Er hat seinen Ersatz. Er geht nicht mehr freiwillig aus seiner Psychose heraus. Seine Psychose ist einfach schöner.

ANONYM: Seit Monaten bewußtlose Frau bringt Kind zur Welt. Mordanklage gegen zweiundachtzigjährige gelähmte Frau. Der Lehrstuhl für Humor an der Universität von Manila, errichtet wegen der dringenden Notwendigkeit des ernsthaften Studiums, um die sonst unerträgliche Last zu erleichtern, zu der das Dasein des Menschen geworden ist. Die Erde verliert ihren Schirm.

III: Bedenken Sie dies mal alles.

ANONYM: In einer magnetfeldlosen Epoche könnte auch dem Menschen die Erdoberfläche als Lebensraum verlorengehen.

II: Keine Aufregung: nur vorübergehend. Und dann weiter auf der Erdoberfläche unter dem Schutzschirm.

I: Aber wohin, wohin vorübergehend?

Musik: wieder die Stelle aus Kantate Nr. 147.

169

I: Jede Minute überlisten. Es irgendwie schon hinkriegen. Immer wieder am Ende eines Tages ankommen. Nie irgendwo ganz ankommen. Zuverlässig sein im Hinkriegen. Dies trainieren. Hochgelobte Verstellung. Gefährlicher Wahrheitsaufwand. Unbekömmliche Wahrheit.

II: Den andern wahrnehmen, also lieben, schätzen, als Person achten.

I: Dazu etwas mehr Postverkehr mit dem Apostel Paulus.

ANONYM: Marihuana erzeugt bei Ratten Mißbildungen. Haschisch macht kurzatmig. Tote für einen lebendigen Sonntag: spannendere TV-Programme an den Sonntagabenden. Staubiger Mond, kilometertief mit Staub bedeckter Mond.

I: Was ist los mit den Geisteskranken? Eine Umfrage unter Bremer Bürgern ergab unter anderem Meinungen wie diese: Geisteskranke sind meist launisch und erregbar / können sich nicht beherrschen / können Probleme des Alltags nicht sinnvoll entscheiden / sich nicht situationsgerecht verhalten / nicht klar und zusammenhängend denken / nicht zwischen Recht und Unrecht unterscheiden.

III: Abwehrmeinungen wie die angeführten sind für die Gesunden gesund. Sie sollten ebenfalls und so weiter.

I: Es überwiegt das Urteil, daß Geisteskranke sich völlig anders verhalten als Gesunde. Ich zitiere: »Verrückt ist jemand, wenn er sich ganz auffällig verhält und völlig aus dem Rahmen fällt.« Die Vorstellung von physischer Gewalttätigkeit dominiert, vom sinnlosen, unvermittelten Randalieren und Umsichschlagen. Nur ein Sechstel der Befragten hält die Geisteskranken für nicht gefährlich. Dieses Sechstel ist gefährdet und kann gefährlich werden.

III: Alles Fremdartige löst Furcht aus. Das ist natürlich. Die Geisteskranken erschrecken ihre Umgebung. Der gesunde Laie bedarf zu seinem eigenen Schutz seiner unbewußt begründeten Vorurteile.

I: Wozu mähen wir eine Wiese? Wozu bewundern wir Pflanzen? Wozu besprechen wir neue Züchtungsergebnisse im Getreideanbau? Wozu reden wir über den landwirtschaftspolitischen Unfug mit dem Raps? Tun wir das alles wirklich, oder tut es jemand, der neben uns herläuft und aus unserer hoffnungsvollen, sich anklammernden Theorie die Praxis macht, der unser verzweifelt Realität heischendes Denken in ein Tun verwandelt, der dies für uns erledigt, die wir schwach sind, nur zuschauen und uns alles einbilden?

II: Man könnte diesem Verwandten in der Anstalt vielleicht noch einen produktiven Charakter verschaffen, also Ursprung und Grundlage der Tugend.

III: Seine charakterliche Struktur gliche dann womöglich wieder derjenigen einer zu sich selbst gelangten Persönlichkeit.

II: Du und diese Verwandten und dieser Verwandte, ihr befindet euch alle miteinander im Laster.

I: An die Honorarabteilung. Sehr geehrte Herren, ich möchte Ihnen mitteilen, daß ich seit 1. 1. 70 beim Finanzamt für die Mehrwertsteuer optiert habe, in Klammer: mir wurde die Istbesteuerung bewilligt.

II: Ihr übt Gleichgültigkeit, ihr betreibt Selbstverstümmelung. Ihr verhaltet euch, ihr könnt heulen und seufzen, soviel ihr wollt, gleichgültig gegenüber diesem Verwandten, der sich gleichgültig gegenüber seinem eigenen Ich verhält.

I: Freiheit und Unfreiheit sind auch auf das Urteil anzuwenden. Freiheit: das Selberwollen, dem die Verwirklichung des Gewollten entspricht. Soeben betritt mein Bruder diese Kneipe.

II: Ihr seht ihm dabei zu, aus der ängstlichen Entfernung, wie er von einem schlimmen Stadium ins nächst schlimmere Stadium hinüberwankt. Ihr begreift die Liebe nicht als Pflicht. Ihr legt sie schön lamentierend und wohltönend jammernd als höhere Macht aus; ihr setzt euch nicht zur Welt in Beziehung.

ANONYM: Es geht darum, drogensüchtige Embryonen drogensüchtiger Schwangerer zu entwöhnen. Weg von der Nabelschnur der mit Drogen Verwöhnten, aber dann zeigen sich Entzugssyndrome wie Unruhe, Erbrechen, Niesen, überhöhte Atemtätigkeit. Die Muttermilch ist daher nötig, weil drogenhaltig.

I: Unfreies Urteil: suggeriert, oktroyiert. Entweder es stammt von einer andern, oder mir fehlt die Muße für den vollen Betätigungsspielraum meines Urteilsvermögens. Mein un-

freies Urteil kommt unter inneren Hemmungen und Zeit-
druck und ähnlichen Zwängen zustande. Mein Bruder fällt
aus dem Sessel. Wir heben meinen Bruder auf, es sieht so
aus. Wir lassen meinen Bruder liegen, es sieht nicht so aus.

ANONYM: Suchtentwöhnung mittels Chemotherapie bringt
vielleicht Spätschäden, und es bleibt bei den hohen Letal-
quoten.

I: Ich benötige Einflußfreiheit. Ruhe, Überwindung eigener
Befangenheiten.

III: Die beste Begründung garantiert noch nicht die Wahrheit
eines Urteils. Es gibt die instinktsichere Ahnung nur in
Grenzfällen.

II: Der Wille ist das Woher. Das Urteilen hat auch ein Wo-
hinaus.

I: Bei Hotelrechnungen über DM Fünfzig muß ich an der
Rezeption auf die Mehrwertsteuer hinweisen. Bei niedrige-
ren Rechnungen genügt der Mehrwertsteuersatz. Ich muß
darauf auch bei Quittungen von Taxifahrern achten. Aus
dem Fleisch des andern einen schmackhaften Braten machen, psychischer Kannibalismus, zunächst: den andern
schlachten, zum Beispiel mittels ziemlich leicht herstellbarer
Beleidigungen. Dann nur nicht wieder einrenken. Sag dann
bloß nicht: es tut mir leid.

ANONYM: Bei Luftverschmutzung heulen die Sirenen: Sierra
Madre, California. Der Alarm wird jedesmal dann ausgelöst,
wenn die Konzentration von Schmutzpartikeln auf nullkom-
madreifünf Teile pro eine Million Teile Luft ansteigt. Die
Sirene heult stündlich eine Minute lang auf, solange diese
Gefahrengrenze überschritten ist.

I: Vorbei, mein schöner Tod in Basel. Ich bin in Gerresheim
nicht mehr gestorben. Ich habe es versucht.

III: Da: schon treten auf dem Boden der chronischen Sucht
dieses Verwandten Seelenstörungen auf. Hier: schon haben
wir es mit Verfolgungswahn zu tun, mit Gehörtäuschungen,
dieser Verwandte erlebt soeben mal wieder seine akusti-
schen Halluzinationen, zum Beispiel Akoasmen, also Geräusche, oder Phoneme, also Stimmen – wir alle aber schweigen. Wir alle aber hören gar nichts.

II: Dieser Verwandte vermag euch noch immer zu täuschen mit dem Phänomen der nahezu vollkommenen Klarheit seines Bewußtseins. Das Meer stirbt. Dein Bruder stirbt.

I: Das Sterben, der zeitraubende Prozeß. Bis zuletzt drapiert von den schwächlichen und zäh verteidigten Verheimlichungen, von den Verstellungsspielen, den Tarnanzügen für die heißgeliebte Psyche. Vom ungenauen Hinschauen, vom Wegschauen.

II: Immer amputierter lauft ihr umeinander herum, den Blick woandershin gerichtet. Ihr kennt noch so ein paar idyllische Blickrichtungen. Ihr macht immer wieder unverfängliche Gegenden ausfindig.

III: Jeden einzelnen, sein Glück und seine Möglichkeiten zum Äußersten als bedeutsam empfinden. Das Äußerste tun. Sich und sein Recht, sein Lebensrecht, für die Bedürftigen opfern.

I: Aber wer ist denn kein Bedürftiger?

II: Also opfere auch die eigene Bedürftigkeit.

I: Jeden Augenblick sich in der Gefahr wissen, Unrecht, Beschädigung, Verschmiertheit, Vergeudung, Verwahrlosung des Denkens zuzumuten, es also vermeiden. Strenge große Kunstgriffe anwenden, um zu leben und um nicht zu töten. Warum aber? Es ist sowieso dauernd Tod. Es wird ohne Unterbrechung gestorben. Mach's bloß nicht wieder rückgängig. Es soll dir nichts leid getan haben. Laß dir deine psychisch Abgeschlachteten schmecken. Gut kauen, dann erst runterschlucken. Hierauf die gesunde Verdauung bedenken.

ANONYM: Eintausendfünfhundert Schweine starben für die Unabhängigkeit Tongas. Opulentes Festmahl, die Opfer: eintausendfünfhundert Schweine, eintausendsechshundert Hühner, dreitausend Krebse. Schwergewichtiger König der Pazifikinseln ordnete viertägige Staatsfeiern an. Höhepunkt: das Staatsbankett auf dem Palastgrundstück des circa einhundertvierzig Kilo schweren Monarchen, achthundert geladene Gäste. Jeder normal empfindende Mensch ist kinderlieb. Jeder normal empfindende Mensch ist tierlieb. Der Tierschutzverein braucht sich über Mitgliederschwund nicht zu beklagen. Es wird nun auch immer mehr für die notleidenden Tiere in Afrika und für die Zoos gesammelt. Ein weiterer Höhepunkt auf Tonga: Verlesung von Glückwunschbotschaften: Nixon, Queen Elizabeth, Brandt, Podgorny.

III: Da: schon handelt es sich beim Verwandten, abgesehen von erheblichen Organschäden, um Reizbarkeit und Intelligenzstörung, schon zeigt er sich moralisch abgestumpft, schon gleitet er sozial ab.

II: Und dies jetzt ist der Tremor, dies ist die Polyneuritis, dies ist das Delirium, dies ist die Polioenzephalitis haemorrhagica, dies ist die Neuritis optica, demnächst folgt die Korsakow-Psychose.

III: Demnächst geht der Rausch in die Bewußtlosigkeit über, nach Abklingen krankhafter Aufregung.

II: Dort beugt dieser Verwandte sich absprungbereit über das Türmchengeländer, dort hängen sich diese Verwandten an seinen theatralischen, lebens-todessüchtigen Beinen auf.

III: Am Knick in seiner Entwicklung, an seinem Ausfallssyndrom, und jetzt haben sie ihn noch einmal davon abgebracht.

II: Er hat ja Schimpfwörter gebraucht. Er ist ja mit einer Zinnvase auf mich losgegangen. Er hat sich bis heute nicht bei mir entschuldigt.

ANONYM: Ludwig Bardt, Dr. med., Psychoanalytiker und Psychiater: Wenn ein Paranoider von seinem Wahn erzählt, bekommt der Laie einfach Furcht, nicht, weil er etwa als gehaßter Verfolger ins Wahnsystem einbezogen ist, sondern weil er nicht dabei zusehen will, wie der Boden der Realität schwanken kann. Er empfindet Grauen, wenn er spürt, wie die Realität durch die Psychose ihr Gesicht verändert, wenn blau nicht mehr blau ist, sondern etwa rot.

I: Den Gesunden ist die Grenze einfach viel zu nah. Das Eis ist glatt und dünn und kann zerbrechen. Eingebrochen, eingetaucht, hört es auf mit der Gesundheit. Triebhaftigkeit und Todesangst und Todessucht überfluten den Gesunden. Ich darf die Badewanne nicht mit Scheuermitteln reinigen. Ich darf die Schmutzfilme nicht mit der Brause wegspülen. Ich darf nur weiches Wasser anwenden. Ich habe schon wieder vergessen, das weiche Wasser unseres gerade beendeten Vollbads zu verwenden. Wer die Strafe haßt, muß sterben.

ANONYM: Die Motive des Motorradfahrers. Was sind das für Menschen, die Motorrad fahren? Das fragte sich ein amerikanischer Psychoanalytiker an der Harvard University. Er untersuchte drei Jahre lang Motorradfahrer. Sein Ergebnis: Es gibt eine typische Motorradfahrerkrankheit, das Motorrad-Syndrom.

I: Der Tod des Bruders tritt entweder durch Lähmung der Atemzentren oder durch Ersticken ein. Er tritt so oder so ein. Der erste Schritt in die Freiheit führt in die Angst. Sehr geehrte Herren, hiermit bitte ich um den ungehinderten Gebrauch meiner Angst.

II: Du bist gesellschaftlich irrelevant, Individuum du.

I: Der Psychemiker weiß über die Vorgänge in meinem Nervensystem auch nicht genau Bescheid und nennt sie Dämonen. Die zwei rätselhaften Dämonen nennt er Pumpe und Carrier. Beide regulieren an meinen elektrisierten Ionen herum, an meinem schon wieder mal erregten Nerv.

ANONYM: Für die Kranken, die am Motorradfahrersyndrom leiden, gewinnt das Zweirad im Leben und Fühlen einen Stellenwert, der ihm von der Sache her nicht zukommt. Zitat: »Das Auspuffgeräusch jedes fernen Zweirads initiiert Tagträume. Alle Freuden, Ängste und Phantasien stehen in Beziehung zum Motorrad.« Zitat Ende. Bei den kranken Motorradfahrern liegen gestörte Beziehungen zum Vater und weitgehende Identifizierung mit der Mutter vor. Die Zweiradfahrer sollen zumeist passiv sein, physische und intellektuelle Anstrengungen meiden, sich selber für häßlich, unintelligent, fett und schwach halten und dann im harten, riskanten Fahren eine Möglichkeit sehen, ihre Defekte zu kompensieren. Auch ein gestörtes Sexualleben war zu beobachten. Das Röhren der Auspuffe und die Übung, das Motorrad in der Garage der Freundin zu parkieren, sind für den Psychiater Zeugnisse der analen und sexuellen Aspekte des Motorradfahrens.

I: Wüßten wir nun, wie die Zukunft aussieht: wir würden Rhododendron anpflanzen. Da wir jetzt übereinkamen zu wissen, wie die Zukunft aussieht, haben wir Rhododendron angepflanzt. Der Rhododendron gibt an mit Violett und Sicherheit für die Zukunft. Der Rhododendron sieht wirklich sehr gut aus. Die Zukunft sieht wirklich sehr gut aus in der Form, in der ich sie dir versprochen habe. Die Zukunft wird aussehen, wie unser Augenschein es einrichten kann. Wir wissen alles von der Zukunft nach Absprache. Wir wissen überhaupt nichts von der Zukunft, aber darüber schweigen wir. Wir fragen uns ab. Wir proben Schwierigkeiten. Wir trainieren auf der Belastungsschwelle. Jede Hoffnung ist eigentlich eine gute Tat, Goethe, hörst du? Wir tun das Gute und hoffen. Wir tun mehr als das Gute und versprechen für immer. Wir stellen uns ganz schwere Fragen: Wie sieht die Stirn deiner Mutter aus? Wie verhältst du dich beim nächsten Ohnmachtsanfall? Wie niedrig ist der Blutdruck deines Vaters? Wie rasch geht dieser Puls da?

ANONYM: Leichte Kost für junge Hunde. Mannigfache Gründe für die Schwarmlust. Wer schön ist, muß nicht singen. Die an schillernder Pracht kaum zu überbietenden Siebenfarbentangare haben einen mangelhaften Gesang anzubieten. Die männliche Paradieswitwe aus der Gruppe der Prachtfinken ist reichlich unverträglich. Die Stadt ist weniger schön als ihr Bahnhof. Welche Stadt hat den blumenreichsten Bahnhof?

I: Das leichte Beteuern. Das unmögliche Beweisen.

II: Die hübschen Feste zu Ehren der eigenen, hübsch kultivierten, viel zitierten Empfindlichkeit. Das Genuschel und die viel zu geringe Lautstärke des Gewissens. Die Ausschlupfe ins Pathetische, wo sich alles so feierlich erlaubt, wo sich nichts dran ändern läßt, wo sich das sogenannte Schicksal jederzeit als Ausrede zur Verfügung stellt, wo das sogenannte Mysteriöse sich anbiedert.

I: Lichtschutzsalben gegen die Wahrheit.

ANONYM: Einzeller erinnern sich. Per Schockbehandlung erinnern sie sich circa zwei Stunden lang.

III: Sie erinnern sich dauernd, ausdauernd im Vergessen.

ANONYM: Wimpertierchen lassen sich dressieren. Tintenfische lassen sich dressieren. Selbst Lebewesen ohne Nervenzellen können lernen. Nur Schwämme haben keine Sinnesorgane und Nervensysteme, die ähnlich funktionieren wie des Menschen.

III: Für beispielhaftes Verhalten fallen daher Schwämme weg.

II: Strengt euch an. Haltet euch an Beispiele. Laßt euch dressieren. Lernt. Erinnert euch.

I: Wir strengen uns an. Wir strengen uns an im Syndrom der Selbsterhaltung. Jemand geht dabei drauf. Wir alle gehen dabei drauf. Erinnerungen lassen sich auslöschen. Drogen löschen aus, indem sie die Eiweißbildung in unseren Gehirnen blockieren. Diese Auslöschungen lassen sich aber leider rückgängig machen.

III: Wir brauchen nur Spülungen mit physiologischen Kochsalzlösungen vorzunehmen. Die Gedächtnisspuren bleiben zwar erhalten, aber unter dem Einfluß von Chemikalien können wir sie nicht mehr lesen.

I: Wir lernen, wir brauchen es nicht zu lernen, wir sind so oder so dressiert auf die alltägliche Übung Sterben. Wir tapsen alle ziemlich gehbehindert hinter Sigmund Freud her auf diesem sinnlosen Umweg zum Tode, auf diesem holprigen Untergrund Leben.

ANONYM: Man kann bei Fischen, Nagetieren und Menschen mittels elektrischer Hirnreizung Erinnerungen auslöschen, kurze Zeit, nachdem eine bestimmte Aufgabe gelernt wurde. Man muß genau auf die Zeitspanne achten. Entweder vergessen Mäuse und Ratten für immer, oder die Erinnerung prägt sich ihnen unauslöschlich ein. Es kommt auf Sekunden an bei der Reizung.

III: Und jetzt wissen wir auch so annähernd, was männlich ist. Wir haben Frauen sämtlicher Altersstufen befragt. Die imponierendste Auskunft, die im Grunde nur deutlich artikulierte, was die in der Formulierung Unkundigeren auch meinten: ein gutgeschneiderter Maßanzug, Hemd in der Farbe weiß, gestärkter Kragen, dezente Krawatte, gepflegter Haarschnitt, keine Überlängen. Überhaupt nirgendwo physische Übertreibungen. In der adrett-konservativen Verpackung vielleicht ein Lebewesen. Die Äußerungen sämtlicher Frauen kann man als damenhaft bezeichnen. Es war bei keiner Kundgabe von sekundären oder gar primären Geschlechtsattributen die Rede.

ANONYM: Prostituierte verstehen unter Männlichkeit sittliches Verhalten, also etwa Treue, Anstand, berufliches Engagement, ist gleich Ehrgeiz in der männlichen Konsumwelt, ist gleich Garantie für eine gesicherte Wohlstandszukunft. Die Tugenden des Berufssoldaten wurden ebenfalls angeführt, somit: Einsatzbereitschaft, Kampfbereitschaft, stete Bereitschaft zum Schutz der Frauen, Greise und Kinder, alles in allem Mut, Treue, Zackigkeiten sämtlicher Spielarten.

III: Eine alte Gemeindeschwester duldet langes Haar nur bei Personen männlichen Geschlechts, welche bereits die Schwelle überschritten haben und Persönlichkeiten geworden sind, also etwa bei Friedrich Schiller, Albrecht Dürer.

ANONYM: Der positive Gesamteindruck: es gibt das gesunde Volksempfinden noch immer.

III: Was geschieht, wenn ein Gehirn lernt?

I: Unterscheiden endlich zwischen sentimentaler Suggestion und exakter Wahrhaftigkeit: der Angebote, Empfehlungen, Richtlinien, Lebensprogramme.

III: Das menschliche Gehirn ist lediglich größer als das Gehirn der Schimpansen oder der Rhesusaffen, es ist im übrigen ganz genauso.

I: Warum können wir uns erinnern, warum vergessen wir?

III: Die rechte Hirnhälfte hat andere Funktionen als die linke.

II: Befaß dich mal mit Ethik und deinen sämtlichen Philosophen. Psalmen sind dir lieber, wie? Diejenigen, die dich genau beobachten, es kann sich um unbekannte Journalisten auch unbedeutender Tageszeitungen handeln, kennen sich ziemlich rasch mit dir aus. Ich zitiere frei: zerknittertes Inneres, wehleidig trödelnder Assoziationsstrom, nörgelnd, säuerlich. Alles mißfällt ihr, beleidigt sie, enthüllt ihre Trostlosigkeit. Ressentiments versacken im Wortschutt. Faszination durch den Tod darf in verdrossenen Psychologismen auf der existentiellen Oberfläche ein bißchen Gassi gehen. Sauertöpfischer Hohn, bienenfleißige Nachtschattenbesessenheit. Na ja. Und daß du nach sozialen, politischen und wirtschaftlichen Gründen für entleertes Zusammenleben einfach nicht weiter fragst.

ANONYM: Im Gehirn, rechts: zuständig für sprachunabhängige Prozesse. Links: Ermöglichung sprachlicher Leistungen. Der Unterschied zwischen rechts und links sollte vom vierzehnten Lebensjahr an voll ausgebildet sein.

I: Halte ich das denn für wahrscheinlich: mit Tränen säen, mit Freuden ernten? Was denn, was soll denn das für eine Ernte sein. Sie gehen hin und weinen und streuen ihren Samen und kommen mit Freuden und bringen ihre Garben. Noch immer mißtraue ich der Verwendbarkeit dieser Garben, aber ich will nicht, ich sage es also auf.

II: Und wann bitte wird des Mondes Schein wie der Sonne Schein, und wann bitte wird der Sonne Schein siebenmal heller sein, was soll das bitte für eine so überbelichtete Zeit sein, wo die Schäden verbunden und die Wunden geheilt werden, angeblich?

I: Und wann denn endlich?

ANONYM: Hamsterweibchen lernen unmittelbar nach Niederkünften den Geruch der eigenen Jungen von dem anderer Neugeborener zu unterscheiden. Das ist wahrscheinlich eine meßbare Reaktion im Hippokampus.

II: Deine Zitate sind bloß zum Hoffen da und sind bloß zusätzliche Essenzen für deine nostalgischen Vollbäder. Raff dich auf. Bitte vergiß nicht schon wieder, die Wanne nur mit weichem Wasser zu reinigen. Bitte achte doch diesmal auf den Mehrwertsteuersatz, wenn du schon statt öffentlicher Verkehrsmittel Taxis benutzen mußt. Bitte ermittle endlich genau bei diesen Verwandten, wie lang sie diesem Verwandten noch bei der Selbstzerstörung zuschauen wollen.

ANONYM: Der Mond ist tot und das Plasma ist tückisch. Der Mond in seiner erhabenen Nichtsnutzigkeit. Das Plasma ist ethisch wertneutral. Das Plasma hat paradoxe Eigenschaften. Die Mondproben geben nur Antwortfetzen. Die Mondbrocken sind dreikommaacht Millionen Jahre alt. Der Mondstaub ist vierkommasechs Milliarden Jahre alt.

III: Da: Wissenschaftler zum Beispiel lassen es sich nicht im Traum einfallen, in schludriger Untätigkeit zu verharren.

ANONYM: Die Entstehung des Mondes ist schleierhaft. Die Fußstapfen der Mondbesucher werden noch in Millionen Jahren zu sehen sein.

I: Es ist verdammt leicht, sich zu freuen. Es bietet sich verdammt genug an. Es ist verdammt gewagt zu existieren. Es ist verdammt einfach, in einem Zeitraum, der ausreicht für das Wort «Ja», die Zukunft zu bestimmen. Es ist verdammt unmöglich, etwas zu beweisen. Es ist verdammt billig, etwas zu beteuern. Es ist verdammt leichtfertig, die verwahrloste Vergangenheit mittels alter Kalender zu rekapitulieren. Es ist verdammt gerecht, die verwahrloste Vergangenheit mittels alter Kalender zu rekapitulieren. Es bietet sich an, es ist verdammt leicht, es setzt das Strafmaß verdammt zuverlässig fest. Der Rhododendron gedeiht ungewöhnlich gut, kurz nach der Verpflanzung aus der Großgärtnerei in den kleinen monströsen Garten »Zukunft«. So machen wir weiter. Der Garten sieht verdammt schön aus.

III: Zehn Lichtblitze pro Sekunde bedeuten für die Katze: spring! Sonst gibt's einen elektrischen Schlag. Sechs Blitze: bleib sitzen, oder . . .!

ANONYM: Deutsche Seelenforscher wollen von der internationalen Seele nichts mehr wissen.

I: Der Mond erosiert so unendlich langsam, der Mond ist so leblos. Der Bruder wird allmählich fett. Der Bruder hat sich sehr verändert. Das Suchtmittel schwemmt den Bruder auf, dagegen geht der Bruder an mit verkniffener Mund- und Kinnpartie. Der Mond brauchte überhaupt nicht da zu sein. Der Bruder brauchte überhaupt nicht da zu sein. Der Mond und der Bruder, beide erfüllen gar keinen vernünftigen Zweck. Der Mond immerhin sieht ziemlich gut aus, der Mond versetzt in Gemütsverfassungen. Der Bruder verunstaltet sich und versetzt in Gemütsverfassungen. Warum ist der Mond denn da? Die Erde ist eine schöne, schwierige Seltenheit in diesem Kosmos aus fast nichts oder zuviel.

III: Und jetzt müßte wirklich die Phonzahl Ihres Gewissens und des Gewissens der Verwandten am höchsten sein.

ANONYM: Mandelkern, plaziert vor dem Hippokampus, muß gereizt werden. Mit der Entfernung bestimmter Hirnteile hilft man Epileptikern leider nicht. Der Forscher sagt: Der Preis ist zu hoch.

II: Sichselbststilisieren mit Gefühl und Geheul und herbeigetrommeltem Schicksal: das ist zotig, das ist schlampig, das ist privat, das ist Maos Deckchensticken, das ist soziologisch ohne Belang.

III: Das Phänomen der Sucht ist nicht undurchschaubar.

II: Dein Bruder stiehlt soeben. Dein Bruder ist leider längst aus der Antinomie Schuld/Unschuld entlassen. Deines Bruders Sein kann längst nicht mehr erhalten werden. Dein Bruder kann längst nicht mehr werden, was er potentiell ist. Spinoza wüßte längst überhaupt nichts mehr mit deinem Bruder anzufangen.

I: Ich trage meinen schönen Tod in Basel von Schauplatz zu Schauplatz mit mir herum. Ich konnte in Gerresheim nicht mehr sterben. Ich konnte mich aber an meinen Tod in Basel erinnern.

ANONYM: Der Forscher denkt dabei an seinen Patienten, den epileptischen Mann, dem beide Mandelkerne und ein ordentliches Stück des Hippokampus entfernt wurden, dessen Anfälle sich daraufhin verringerten und der daraufhin das Erinnerungsvermögen verlor.

III: Es geht einfach nichts mehr in sein Gedächtnis rein. Er lernt zwar, vergißt aber augenblicklich. Er kann eine bestimmte Apparatur bedienen, aber nur, während er sie bedient, er kann die Bedienung der Apparatur nicht in Gedanken nachvollziehen, er weiß nicht mehr, was er getan hat, er muß es immer wieder neu lernen. Für ihn ist der Begriff »Zeit« verlorengegangen. Während alles vergeht, vergeht nichts. Teilnehmend, nimmt er an der Vergänglichkeit nicht teil. Wüßte man nur, was im Hippokampus vorgeht.

I: Der Bruder erstickt soeben. Gehört der Bruder zu Samuels Schwachen, die umgürtet sind mit Stärke? Darüber und darüber konnte Johann Wolfgang Goethe nur mit Gott reden. Ich kann mit dir reden. Ich kann mit euch reden. Ich kann mit allen reden. Alle meinen es gut. Wir können miteinander reden. Wir können noch immer versuchen, mit diesem Verwandten zu reden, obwohl wir ihm hinter seinem Sehnetz und hinter seinen Schwallschwaden nicht mehr deutlich erkennbar sind.

ANONYM: Schadenersatz für Lärmbelästigung. Wer über längere Zeit hinweg beispielsweise ständig nachts aus dem Schlaf gerissen wird, erleidet gesundheitliche Schäden, ist gleich erleidet Arbeitskraftverminderung. Die Arbeitskraft ist verfassungsrechtlich geschützt.

I: Wer tut denn was gegen die Verlotterung der Begriffe, gegen die Verfilzung der Denkprozesse, gegen die Korrumpierungen von Einsichten, gegen die Verleumdung, gegen das heruntergekommene Gefühl, gegen den auf den Hund gekommenen Instinkt, gegen die Entstellung, die Schlamperei und die Idiotie der Vorgänge in den Köpfen der maroden Todeskomplizen, die ihre Komplizenschaft nicht bedenken, die den wahnsinnigen, garstigen, eifrigen Mut riskieren, Feinde von Feinden zu werden, inmitten der verschleuderten Komplizenschaft?

ANONYM: Blatt oder Fisch, das ist die Frage. Sein Name läßt alles offen und lautet Blattfisch. Als Räuber ist er für Gesellschaftsbecken ungeeignet.

II: Dein Bruder kann gar nicht anders, längst dispensiert von der Freiheit als eines vernunftgemäßen Selberwollens, er kann gar nicht anders, er muß heimlich von seinem korrumpierten Konto Summen für die Suchtbefriedigung abheben. Dein Bruder muß soeben das Konto überziehen.

III: Noch spürt Ihr Bruder das damit verbundene Risiko. Jetzt bald wird mal wieder alles herauskommen.

I: Mein Bruder kann deshalb gar nicht anders, er muß, um dem Risiko gefaßt entgegenzusehen, die Dosierung des Suchtmittels etwas erhöhen. Er verwirklicht das Gewollte, er realisiert seine Freiheit: mein Bruder tritt soeben schwer beschickert in die Trinkhalle ein.

ANONYM: Der Blattfisch führt ein verstecktes Leben.

I: Der Bruder kann gar nicht anders, dies ist nun seine diesige, verstörte, allein im Wahn schöne Freiheit, er muß nun einfach lügen, erfinden, ausmalen, er muß beschreiben, prahlen, ableugnen, schönfärben. Er fühlt sich, während er dies tut, ziemlich gütig diesen Verwandten gegenüber. Nach neuerlicher Rettung, Schauplatz Balkon, erster Stock, nach neuerlicher Zurückgewinnung in den lebendigen Tod, umarmt der Bruder gerührt die fassungslose Mutter, die sich erneut fassen wird, um bald wieder alles zu glauben. Der Bruder hat jetzt seine armen alten Eltern ganz unheimlich gern. Er kann daher gar nicht anders, er muß erneut zum Suchtmittel greifen, denn er muß sich und diese Verwandten jetzt einfach davon überzeugen, daß er überzeugender klar und glaubwürdig und nüchtern wirkt, wenn er erneut die erneute Wirkung des Suchtmittels verspürt. Bis zum Einsetzen der fehlerhaften Wortbildung und der Unberechenbarkeiten seiner Zunge muß er einfach, er kann gar nicht anders, an die förderliche Beeinflussung durch das Suchtmittel glauben.

ANONYM: Der Blattfisch läßt sich schwer fangen. Er wechselt schnell die Farbe, um sich jeweiligem Untergrund anzupassen.

I: Dieser Verwandte kann diese Verwandten am allerbesten dessen versichern, daß er nicht zum Suchtmittel greift, indem er zum Suchtmittel greift.

ANONYM: Der Blattfisch fühlt sich wohl in langsamen, überschatteten Gewässern. Er schätzt auch Tümpel und Teiche. Der fleischige Bartfaden am Unterkiefer sieht wie ein Blattstiel aus.

I: Der Bruder muß nun gelegentlich das Taschentuch vor dem Mund zusammenkrampfen. Der Bruder beißt in das Taschentuch. Der Bruder ist stolz auf einen ganz kontrollierten Gang aus dem Zimmer in Richtung Suchtmittel.

ANONYM: Der Blattfisch weist keine unterscheidbaren Geschlechtsmerkmale auf. Erst wenn's zur Paarung kommt, kann man sicher sein.

III: Den Ursachen der Sucht muß nachgegangen werden. Dieser Verwandte erzählt unter Einwirkung des Suchtmittels phantastische Geschichten: er hat Hebräisch gelernt, er hat sich bisexuell betätigt, er hat jemanden umgebracht, er arbeitet an verschiedenen Bewerbungsschreiben, den Führerschein Klasse I hat er, hat ihn bloß irgendwo verloren, jetzt verspricht er sich, jetzt hat er zugleich nie studiert und eine besonders gelobte Examensarbeit geschrieben.

II: Er hat beim Transport von Bauteilen für das Gehege der neuen Riesenechse geholfen, während er sich in der Trinkhalle befand, während er das Geld für den freitäglichen Familienfisch für das Suchtmittel ausgab, denn der Kabeljau war ausverkauft, und diese Verwandten fragen nicht, wo der demnach nicht ausgegebene Betrag, der längst verbrauchte Betrag, geblieben ist. Diese Verwandten blicken sorgepflichtig, sorgsam sofort weg von diesem häßlichen Loch in der gemeinen Wahrheit.

III: Diese Verwandten verwickeln einander sofort in ein Gespräch über den neuen Spielplan der Städtischen Bühnen, diese Verwandten beraten, welche Veranstaltung von drei Veranstaltungen, die sie sich als gleichermaßen verlockend vorhalten, sie am Donnerstagabend besuchen sollen: ein Kammermusikkonzert – pures Vergnügen, purer Barock.

II: Und jetzt kann man sich sogar zusätzlich von diesem Verwandten und von dieser klaffenden Wunde in der Wahrheit ablenken mit dem kleinen Streit: der Barock oder das Barock, und man kann im Fremdwörterlexikon nachsehen, und man kann feststellen, daß beides geht; oder eine Veranstaltung der Goethe-Gesellschaft, Goethe und die Wissenschaft – der Vater könnte den Vortrag zwar selber halten, ist aber neugierig auf die Ermittlungen des Vortragenden; dritte Veranstaltung, Volkshochschule, ein Psychiater mit dem Thema SEXUALITÄT UND IHRE ABARTEN – dies scheidet wohl am ehesten aus, der Psychiater könnte womöglich irgendwas in diesen Verwandten an irgendwas erinnern, in ihnen irgendwas wachrufen.

I: Alarm ist gleich Bedrohung, Warnungszeichen, Beunruhigung, Lärm. ZU DEN WAFFEN, italienisch, lateinisch, französisch. Meine Verwandten halten sofort ihre Nasen dicht über die Kaffeetassen, um nicht den scharfen, klaren, scheußlichen Wahrheitsdunst zu riechen.

ANONYM: Tage deutscher Kultur – eine nationale Weihefeier in Planegg. Die Reichstage deutscher Kultur, abgehalten vom Kulturwerk Europäischen Geistes Sitz Lochham/München. Deutsche Sammlung der Vaterlandsretter. Zwischen vierhundert und sechshundert Teilnehmer, zahlreiche Jugend-

liche, in Klammer: Pimpfe vom WIKING, vom BUND HEIMAT-
TREUER JUGEND, Kameraden von der JUNGEN DEUTSCHEN
AKADEMIE.

ANONYM: Sie alle sind frei von masochistischer Selbstanklage,
sie alle postulieren die vier Grundwahrheiten: Religion,
Rasse, Raum und Rede. Über das Geheimnis, ein Deutscher
zu sein. Das Wesen der Volkheit. Bekennende Deutsche.
Kultur ist Volkes Seele. Der Dichter und seine Pflicht, in
täglicher Zwiesprache mit der Kultur. Entzünder der Fackel
des Vaterlandes, Diener der Volkheit zu sein, Volkes Seele
auszuloten, emporzuläuten. Zitat: »Frieden? Der Kampf ist
der Vater der Welt.« Zitat-Ende.

I: Das Wort Wahrheit kommt oft vor. Der seine Wahrheit nicht
verlassen hat. Prüfen, ob ihr mit Wahrheit umgeht oder
nicht. Du hast Lust zur Wahrheit, die im Verb liegt. Deine
Wahrheit ist um dich her. Seine Wahrheit ist Schirm und
Schild. Lügend sagt mein Bruder seine Wahrheit. Er handelt
nach seiner Wahrheit. Weil ich die Wahrheit sage, so glaubet
ihr mir nicht.

Musik: Kantatenstelle aus Nr. 147.

ANONYM: In der Familie der Wanderbarsche finden sich häufig
ausgesprochene Räuber. Nachts, wenn die andern Fische
schlafen, unternimmt der Blattfisch seine Beutezüge. Er ist
und bleibt, auch im Becken mit Fischen, die für ihn als Beute
zu groß sind, ein Ruhestörer.

I: Die Unterlippe meiner Mutter ist rechts geschwollen und
blau verfärbt. Das war die Straßenbahn. Das war der Bruder.
Die Straßenbahn fuhr viel zu schnell an, ich bin gegen einen
Haltestand geworfen worden. Der Bruder hat sich gegen die
Entfernung seines Suchtmittels mit der Faust an der Unter-
lippe der Mutter gewehrt. Es war wirklich die Straßenbahn.
Es war wirklich der Bruder. So oder so, es ist jedesmal die
Wahrheit.

ANONYM: Allzu viel Licht hat der Blattfisch ungern. Willkommen sind ihm Verstecke zwischen Wurzeln und in Steinhöh-
len. Als Pflanzensatz liebt der Blattfisch großblättrige

Schwimmpflanzen, kleinohrigen Büschelfarn, den Frosch-
biß, Moosfarn. Dieser Fisch hat es gern warm. Sonst stellt er
ans Wasser keine weiteren Ansprüche. Die Wahrheit in Un-
gerechtigkeit aufgehalten. Ostern halten in dem Süßteig der
Wahrheit. Ich wollte die Wahrheit sagen. Alle, die der Wahrheit nicht glauben. Denen, die die Wahrheit erkennen. Richter riechen am stinkenden Rhein. Der Schock auf der Tages-
ordnung Nürnberg. Schlange beißt Wärter und stirbt sodann
am Herzschlag, Mailand. Gift in der Muttermilch. Zahnärzte
wollen die Angst der Patienten nicht mehr unterschätzen.
Auf den Reichstagen deutscher Kultur haben die deutschen
Bekenner Friedrich Hölderlin vom Makel, ein Kranker, Zer-
brochener zu sein, befreit. Sie ehrten seine Werke mit dem
Kommentar: titanisch vom Schicksal abgetrotzt, wunderba-
res Sehnen dem Abgrund zu, insgesamt deutsch also, Hölderlin, desgleichen Beethoven: Kämpfer für Deutschland
und der Deutschen Vorbilder. Weitere Ehrungen bei Ker-
zenlicht.

Der Blattfisch wünscht kräftiges Lebensfutter, ziemlich egal,
was. Hauptsache: beträchtliche Mengen.

III: Der Bruder wünscht hochprozentiges Todesgewässer,
ziemlich egal, welche Marke, welche Geschmacksrichtung.
Hauptsache: beträchtliche Mengen.

II: Wer verrät dir denn, daß er nicht eines bitteren Endes in der
Zelle landet, als Verbrecher, erwischt.

I: Soeben landet der Bruder in der Heilanstalt, aus der er in der
letzten Schläue seines Restalkohols ausbricht, soeben landet
er in der ihm bestimmten Gosse.

III: Warum wird so ein Mensch, von dem nicht genau festge-
setzt werden kann, ob er noch ein Mensch genannt werden
kann, denn überhaupt noch geduldet, inmitteln der senili-
sierten, leisetreterischen Familie?

II: Soeben landet der Bruder als Ruine, nämlich zertrümmert,
unter seinem letzten Absprungplatz in den Tod.

ANONYM: Bei guter Ernährung züchtet er auch. Wichtig ist die
schnelle Trennung von Eltern und Brut, da andernfalls die
Brut von den Eltern sofort verzehrt wird.

I: Fürchte dich nicht, denn du sollst nicht zuschanden werden.

Er fürchtet sich, und er wird zuschanden. Schäme dich nicht, denn du sollst nicht zum Spott werden. Er schämt sich, gelegentlich, schämt sich nicht, überwiegend, und er wird zum Spott. Please, help him, Mr. Jesaja.

Musik: Beatles, Schluß von »Help«.

III: Während dieses Tier, Blatt oder Fisch, im Gesellschaftsbecken sich durch Räuberei unbeliebt macht, treibt dieser Verwandte, eine Verantwortung oder eine versäumte Zumutung, Nichtschwimmer unter dem Blattmoder, hilflos im Gesellschaftsbecken umher und macht sich unbeliebt durch Hilflosigkeit, Unfähigkeit zu schwimmen. Das Gesellschaftsbecken hat keinen Platz für ihn. Die übrigen Bewohner des Gesellschaftsbeckens, sämtlich Schwimmer bis Schwimmkünstler, verweisen ihn von Plätzen, die ein würdiges, angepaßtes Schwimmverhalten fordern. Taucht er dennoch dort auf, so übersehen sie ihn: eine Maßnahme zu ihrem Schutz.

II: Wie sollten wir diesen Anblick denn ertragen. Wie sollen wir denn auch den Anblick deiner tranigen, verglasten Augen ertragen, deine zerquetschte Redeweise, du bringst den Mund ja gar nicht mehr auf, du reißt ja den Mund idiotisch weit auf. Wie sollen wir euch denn benennen.

III: Dieser Verwandte fühlt sich, wenn auch aus andern Gründen als der Blattfisch, den Gründen des Blattfischs allerdings zwangsweise wahlverwandten Gründen, ebenfalls in Schlupfwinkeln am wohlsten, und zwar deshalb.

I: Erst auf seinen Tod warten zu müssen, um leben zu dürfen, ist doch ein rechtes ontologisches Kunststück.

II: Ihr späht da gar nicht erst hinein. Ihr wollt es gar nicht erst so ganz genau wissen. Ihr wagt es nicht, ihn dort rauszuzerren. Ihr beläßt es bei den tödlichen Schwimmversuchen im trüben oder stehenden oder langsamen Gewässer, die diesem Verwandten als lebensgefährlicher Lebensraum noch verblieben sind.

I: Soeben schluckt der Bruder wieder eine übelschmeckende ganze Menge Mudder, Schlamm und langsames Gewässer.

Soeben ist der Bruder erstickt. *Musik.* Wer verfolgt denn hier das Ziel, die Menschheit von gesellschaftlichen Zwängen zu befreien, und wie verfolgt man es denn? Wer macht sich denn dann auch an die privaten, die unberechenbaren, die emotionalen, die psychischen und die physischen Zwänge, und wie macht man das denn? Den alten Menschen ausziehen, den neuen Menschen anziehen. Aber woher kommen denn die neuen Textilien plötzlich? Der neue Mensch wühlt doch nur wieder in der mottenzerfressenen, zerschlissenen Kleidung von vorher und stopft sich da hinein und bleibt der alte Mensch. In was für einen neuen Menschen soll der alte Mensch, ausgezogen, denn zurückfinden – aber etwas Neues kann man nicht zurückfinden, man muß es daher vorfinden, aber wo denn?

II: Tod in Basel: dein zum Scheitern verurteilter Versuch –

III:– Kierkegaard abgelauscht –

II:– ein Stück oder eine spezifische Situation dadurch wiederherzustellen, daß man, sehn- und vergangenheitssüchtig, eine Wiederholung unternimmt.

III: Die prinzipielle Offenheit für diesen Versuch: allerdings abnutzungsvermindernd, lebensfördernd.

Musik: Kantate Nr. 147 von Bach, die leitmotivische Stelle.

Erstsendung: 1. Juni 1972
Produktion des WDR

nhalt